Communiquer

avec son

Ange Gardien

& Kiffer sa vie

Marina BOUGAÏEFF

Communiquer

avec son

Ange Gardien

& Kiffer sa vie

www.communiquer-avec-les-anges.com

ISBN 978-2-9560751-0-3

Table des matières

Préambule **9**

Les Anges Made in 21ème siècle **17**

☆ Prélude Angélique 19

☆ Composition de la Light Team 27

☆ Mon ange gardien, mon âme-i 33

☆ L'ABC de la demande Angélique : On fait comment ? 38

En terre de kifs **41**

☆ Emanciper son esprit 47

☆ Allumer sa radio intérieure 52

☆ Se Reconnecter au grand TOUT 58

Se Connecter à son Ange Gardien au jour le jour **63**

☆ Mon ange gardien s'appelle Robert 65

☆ Qui me parle ? Ma tête ou mon ange gardien ? 72

☆ Les différents chemins subtils.............................. 77

☆ Mes Arts-(mes) Angéliques.............................. 81

- Déployer sa Clairvoyance.................. 83

- Eveiller sa Clairaudience.................... 91

- Cultiver sa Clairsentience.................. 100

- Aiguiser sa Clairconnaissance............. 108

☆ Non mais allô quoi, t'as pas de réseau ?.................. 115

Moralité Angélique.. 122

Un mot sur l'auteure.. 125

Petit cahier en communication angélique............... 127

Préambule ☆☆☆☆☆

Alors que je tape ces premières lignes sur mon clavier, je me demande encore à quoi va ressembler ce livre aux couleurs peu ordinaires. J'insiste sur le « peu ordinaires » car mon objectif lui, a été au préalable bien défini : aborder le domaine angélique de manière simple et accessible, sans fioritures ni dogmes religieux ! Une approche qui en soit, me semble presque frôler l'innovation en la matière ! Je m'appelle Marina et je suis, comme j'aime le crier haut, fort et sans complexes « Traducteur Angélique ». Je suis également une sympathique trentenaire, anticonformiste assumée, kiffeuse de vie et mordue de spiritualité ! Ce que vous tenez entre les mains va très certainement changer votre rapport aux anges, vous donner une dose de pep's et surtout...Des good Vibes[1] ! À ces fins plutôt grisantes, je ne compte pas vous faire un énième « remake » (un peu chiant) sur les anges ou vous donner un quintal de preuves sur l'existence des énergies angéliques, ça va, c'est bon, un nombre hallucinant d'ouvrages nourrissent notre curiosité sur le sujet ! De plus, nous sommes au 21ème siècle, il serait donc temps d'apporter un brin de fraîcheur au royaume angélique, telle une bonne coupe de cheveux !

---

[1] vagues d'énergies très positives

Moi ce qui m'intéresse concrètement (et vous aussi croyez-moi) c'est comment kiffer sa vie dans ce monde d'ingrats ?! Bah oui quoi, c'est le but non ? Trouver ses repères, savoir ce qui est bon pour soi, oser, foncer, ouvrir enfin ses ailes et kiffer son incarnation ! Et c'est à partir de ce point clé, de cette question d'ordre universel et d'importance capitale que notre sujet devient vraiment intéressant car, savoir que l'on a un ange gardien c'est bien, mais apprendre à co-créer avec lui au quotidien et ainsi kiffer sa vie, c'est mieux ! Loin de moi l'idée de jouer les ingénues ou les « Wonder Spiritual Woman », j'ai simplement imaginé, à une période de ma vie, que certains airs pouvaient se jouer avec des instruments différents, que nous pouvions activer de bien belles manivelles afin de rendre notre vie un peu plus « funcky » ! Ainsi, vous découvrirez au fil de ce livre que je me suis basée sur des constats simples et surtout...Sur de l'expérimentation ! Posons des bases solides mes belles âmes, j'adore expérimenter avant de me faire un avis, peu importe le sujet ! À vrai dire, j'ai toujours détesté le « prémâché » qui s'avère souvent être insipide, comme ces barquettes-repas toutes faites que l'on trouve au supermarché ! Pour moi la vie c'est comme ça, il y a ce que l'on nous vend au rabais, sans saveur ni réel bon sens, et ce que l'on décide de cuisiner soi-même, en choisissant ses ingrédients et les recettes qui nous plaisent ! En avoir conscience, c'est la base mes chères pépites lumineuses, la base ! Je ne mâcherai donc pas mes mots et je vous invite vivement à remettre en question chacune de mes affirmations, comme je le fais quotidiennement avec tout ce que je reçois et expérimente : Si ça sonne « juste » et que cela rend ma pitance meilleure, je prends, mais si une forme de malaise quelconque s'installe, j'arrange la recette à ma sauce pour en faire « The perfect cake » !

Je me suis donc penchée dès mon plus jeune âge sur un constat qui, arrêtez-moi si je ne m'abuse, m'a fait monter la moutarde au nez plus d'une fois : L'Homme seul semble de toute évidence éprouver quelques difficultés à avancer dans la paix ! Ou en d'autres termes : C'est bien souvent le « bordel » sur la planète Terre ! Mais alors, quel est le sens de l'existence ? Quels moyens nous ont été donnés pour survivre dans ce monde ? Sommes-nous les victimes d'une punition céleste?

Cette quête de sens m'a poussé à explorer différents domaines liés à la spiritualité et au développement personnel. Les anges ne sont venus que plus tard car, influencée par une éducation chrétienne dépourvue de sens, je suis longtemps restée fâchée avec Dieu et avec tout ce qui s'en rapprochait, de près comme de loin ! J'imaginais Dieu comme un grand bonhomme TDI[2] qui nous propulsait sur Terre en mode « Allez hop, démerdez-

---

2 Tous droits inclus

vous les gars mais si vous sortez des clous, ma sentence sera terriiiiiible ! » #Dieuestingrat

Bah là, ma blessure d'injustice a frôlé le soleil plus d'une fois tant son activation créait des bombardements internes en moi ! La communication avec nos amis ailés ne m'est donc pas tombée sur le coin du poireau un beau matin de Janvier, je l'ai développé au fil du temps, en me reconnectant progressivement à ma part de lumière qui elle, peut tout faire chewie[3] ! Je ne suis en rien différente de vous et ce que j'ai appris à développer au fil du temps est accessible à chacun. C'est un jour de printemps, ou peut-être d'hiver, je ne sais plus, que la lumière fût : le problème n'était pas Dieu ou les anges, le fond du problème résidait dans ce que l'Homme en avait fait : Une source de contrôle et d'aliénation... Nous appelons cela la religion mais là n'est pas le sujet ! Poussée par ma curiosité spirituelle et cette fringale d'épanouissement, les anges se sont mis sur ma route et j'ai enfin répondu à l'appel ! Sorti de son contexte coincé, tout ce petit monde me semblait beaucoup plus sympathique ! C'est ainsi que commença réellement toute mon histoire et les découvertes qui vont avec, ce jour de printemps ou d'hiver, je ne sais plus ! Ils sont mignons les anges, avec leurs minis slips et leurs plumes mais concrètement... Comment peuvent-ils m'aider, moi, Marina, trentenaire

3 Chérie, avec l'accent créole

qui cherche par tous les moyens à kiffer sa vie en mode « easy baby » ? Forte de ma curiosité et de cet appel subtil insistant, car des anges, j'en voyais partout, j'ai commencé à bosser avec mon ange gardien ! Après tout, cela ne mange pas de pain d'essayer ?! J'ai progressivement appris à retrouver la *Vraie Moi*[4] et à m'y connecter, afin de faire des choix conscients, de vivre en fonction de mes valeurs et de mes désirs, d'évoluer, d'aimer, de créer et le tout, sans lutter, youpiyé. C'est ainsi que mes premiers kifs sont venus : bah oui, quand on est bien dans ses baskets, on court plus vite et on va plus loin ! Rendons à César ce qui appartient à César, cette re-découverte de moi-même n'aurait pu se faire sans les balises et bons conseils des énergies angéliques ! J'ai découvert que tout au long de cette aventure terrestre, nous sommes accompagnés, guidés et coachés car la Source (Dieu, l'univers... C'est comme vous préférez, ne jouons pas sur les mots) ne nous a pas posé là, comme des cons, sans nous donner les moyens de nous dépatouiller et d'avancer.

Nous devons bien comprendre que nous détenons toutes les clés nécessaires à notre envol, toutefois, notre capacité à les rece-VOIR s'avère, elle, bien limitée, faute d'apprentissage.

---

[4] Une Moi de coeur et non de peur

« Hey Jakline, on t'a pas dit que t'avais une map-kifs quelque part ? »

Cette capacité est souvent biaisée par nos croyances, nos convictions et cette « boîte » dans laquelle nous évoluons tous : la Société. Nous sommes ici, tels de petits véhicules se frayant un chemin sur la piste de la vie et les données GPS elles, sont restées là-haut, entre les mains de nos co-pilotes angéliques ! Ouvrir ma conscience en sortant des carcans qui m'ont été enseignés a sûrement été ma plus belle victoire, j'ai enfin pu rajouter quelques épices à mes plats. Et j'ai surtout compris une chose essentielle: je ne suis pas seule dans ma fichue bagnole ! Dieu que c'est bon ! Jérémie, mon ange gardien, me conseille quotidiennement et quoique je fasse, car j'ai eu la bonne fortune, un jour, de m'adresser à lui. Il est mon copilote sur cette route qui est la mienne et le paysage en est devenu plus clair et plus direct. Au fil du temps, nous avons établi un rapport privilégié et bienveillant ; il me donne de la force, me rassure, me console et me soutient. L'objectif de cette pépite d'ouvrage, est que vous ouvriez votre conscience vers un monde plus vaste, plus grand et plus dingue, dans le bon sens, cela va s'en dire ! Mon objectif à moi, en tant que traducteur angélique et nana super sympa, est que vous établissiez une communication consciente avec votre ange gardien, qui est d'une aide non négligeable pour nettoyer le pare-brise et nous permettre de voir la route de manière claire ! En ce moment même, il est dans les starting-blocks les pépites, prêt à vous filer de sacrés coups de pouce (ou coups de pied au c**) pour kiffer votre vie. Je dédie donc cet ouvrage aux anges gardiens, à la vie et à Jérémie !

☆ ☆ ☆

Les anges Gardiens

Made in

21e siècle

☆☆☆☆☆

Prélude Angélique ☆☆☆☆☆

Mon approche du royaume angélique va sans doute vous paraître différente de tout ce que vous avez pu entendre, voir ou apprendre jusque-là. Un jour, alors que je travaillais avec l'énergie de l'Archange Gabriel, j'ai très clairement reçu cette phrase : « Tu vas parler de nous ma grande, mais à ta façon »... Le choc ! Moi Marina ? Vous êtes sûrs les gars ? Non parce que parler des anges, là comme ça, c'est un peu rétro... ?! Ouais j'avoue, j'ai eu quelques interrogations sur le sujet et sur la manière de l'aborder ! La demande se faisait de plus en plus insistante, je voyais des anges partout, je recevais des idées inspirantes en pleine nuit, j'écrivais sans savoir où mes lignes pouvaient bien me porter et j'expérimentais, surtout ! J'ai compris que je devais jouer le rôle de traducteur angélique, mais version 21ème siècle, avec un langage adapté à notre génération afin de toucher le plus grand nombre ! C'est vrai quand on y pense, le monde a clairement besoin d'une reconnexion spirituelle, encore faut-il que cette dernière semble accessible ! J'en reviens à cette histoire de coupe de cheveux... Ne pensez-vous pas que si Jésus portait la mèche de côté et un tatouage tribal il nous semblerait plus « actuel » ?

Mission acceptée ! J'aime les défis et je le relèverai la tête haute chers collègues célestes !

C'est ainsi que le site www.communiquer-avec-les-anges a vu le jour .

Mais reprenons le fil de cette pépite d'ouvrage. Afin d'étayer au mieux mes propos et d'éclaircir la piste, nous allons remonter dans un premier temps, à l'origine de toute forme de chose : la Source ! Oui, j'aime bien appeler notre maison céleste ainsi, c'est frais, c'est neutre et ça donne envie de plonger dedans, « topless » ! Ce qui va suivre est le fruit des informations que j'ai angéliquement reçues et du container de livres que j'ai dévoré, sans oublier mon bon sens mais qui lui, n'engage que moi !

Parce que la vie est un puzzle 5000 pièces... Imaginez...

Nous sommes tous issus d'une source énergétique invisible, que nous appelons, en fonction de nos croyances, l'Univers, Dieu, Allah, Bouddha... ou le Grand Tout. Nous en sommes les fragments, de petites étincelles qui ont décidé de s'incarner dans un véhicule terrestre, que nous appelons surtout « corps », afin de kiffer la vie sur terre, en tant qu'humain. Ah oui, j'oubliais de vous spécifier que dans cette pépite, il n'y a pas de place pour le dark side[5] de la vie, pour ça... Il y a la télévision et les médias ! Je disais donc... Avoir un corps, c'est s'offrir la chance de l'expérimentation et du plaisir des sens en tout

[5] Côté obscur

point de vue. Ainsi, c'est grâce et avec ce corps que les étincelles que nous sommes peuvent expérimenter leur pouvoir de création, les plaisirs de la vie en général et le fait de manger une bonne raclette arrosée de vin en particulier ! Comme vous pouvez l'imaginer, tout ceci à un prix, rien n'est gratos, même pas là-haut ! Mais qui dit prix ne dit pas forcément « money money »… En venant sur Terre, nous prenons la responsabilité de répondre à une mission de vie ; nous nous fixons en quelque sorte 2-3 challenges d'évolution, sortes de contreparties à la chance unique qui nous est donnée. Cette mission de vie a été élaborée bien avant notre incarnation et répond à des objectifs précis et personnels, en fonction de ce que nous avons déjà expérimenté dans nos vies passées. Soyons clair sur le sujet, missions, objectifs et autres « blablas » spirituels nous conduisent tous sur un seul et unique chemin : L'amour de soi et des autres #BELOVE. La Madré[6] céleste (la source) est un ensemble énergétique aimant constitué de joie, de pardon, d'empathie, de confiance en soi et autres impérieuses toutes plus positives les unes que les autres, comparables à un bain moussant à 37 degrés un soir d'hiver : C'est le pied ! Nous décidons ainsi de la famille dans laquelle nous allons évoluer, du pays dans lequel nous allons grandir, du design de notre véhicule (Oui oui, c'est bien toi qui a choisi ton corps !) et des grands

6 "Mère" en Espagnol, je rends hommage à mes origines!

événements auxquels nous allons être confrontés, afin de les dépasser et de plonger dans le bain ! Tous ces paramètres, choisis avec soin, sont des moyens d'accéder plus facilement aux objectifs fixés par notre mission de vie. En d'autres termes, et si vous souhaitez en savoir plus sur votre mission de vie, retenez bien ceci : « *Tout de moi me met sur la voie* ». Tadam, clap clap, sortez les flûtes de pan !

J'avoue que ces constats, considérés comme vrais par moi-même (mais pas seulement), m'ont dans un premier temps laissé un goût amer : Mais pourquoi donc avais-je choisi de mesurer 1m87 ? C'était quand même bien galère pour une nana ! J'aurais choisi de vivre en pays nordique, j'dis pas...Mais dans le sud de la France, c'est pas la même !!

En prenant du recul sur mon nombril, j'ai compris que dans cette vie je devais « labeurer » (verbe inventé au regard des circonstances pesantes) quelque peu sur l'acceptation de soi et la sensation désagréable d'être transparente, ce qui en soi, était beaucoup plus « simple » quand on domine tout le monde d'une tête !

En relisant ces lignes, je note l'emploi du passé alors que mes jambes, elles, sont toujours là ! Mission accomplie, un petit « kiss » sur l'épaule bien mérité ! Ne l'oubliez pas mes chères pépites : *« Tout de moi me met sur la voie ! »*

Vos envies, vos désirs, vos talents, vos dispositions naturelles, vos goûts, vos élans, vos besoins, vos blessures, vos craintes, vos challenges, vos relations... Absolument tout de vous, vous montre ce que vous êtes venus faire ici ! *[À l'occasion, faites un petit check de tous ces points, c'est un gain de temps pour la suite de vos aventures terrestres !]*

Bon alors ça bien entendu, on ne nous l'apprend pas d'office, histoire de corser la donne, de faire face à l'ignorance générale ou d'amener une forme d'évolution par notre propre éveil. Perso, je choisis la troisième option, moins pesante ! Nous sommes le changement !

★ Pour récapituler, car je ne voudrais pas vous embrouiller : Nous venons sur Terre pour kiffer la vie et ses plaisirs et bosser 2-3 trucs sur nous « M'AIME » !

Lorsque nous comprenons cela, notre perception change et chaque événement peut être appréhendé de manière différente, avec le luxe du choix !

Seul hic, et pas des moindres, le verbe aimer rime pour beaucoup de personnes avec nausée ! Ce qui ressemble de prime abord au combo gagnant, kiffer la vie et se kiffer soi-même, vire à l'incompréhension totale 2 fois sur 3 ! Et oui, nous oublions malheureusement les règles du jeu de la vie, contrôlés par ce que nous appelons l'ego et l'ignorance générale qui lui colle au bec. Nos âmes arrivent donc ici bas, bénéficient d'un corps, d'une personnalité, d'un libre arbitre et de cet ego, et doivent dealer avec ce nouveau schmilblick propre à la condition humaine pour se reconnecter à la *kiff-attitude* : Et bien « Bon courage les gars ! ».

J'ai quand même une bonne nouvelle mes pépites, et elle va me permettre de revenir en plein dans mon sujet : La Madré est bienveillante et elle ne nous laisse pas là comme des cons ! Le plan d'action élaboré avant notre incarnation n'est pas seulement le fruit de notre propre volonté…Bah non, imaginez la « cata » ?! Nous avons eu des aides afin que ce dernier soit parfaitement établi. Ces aides proviennent de notre ou nos ange(s) gardien(s), car nous pouvons en avoir plusieurs, et de nos guides spirituels. Anges gardiens et guides spirituels sont des champs de consciences supérieurs ou en d'autres termes, des énergies, tout comme vous et moi, qui vibrent à une fréquence beaucoup plus élevée que la nôtre. En ce sens, ils peuvent nous apprendre, nous conseiller et nous guider en tout temps, avant et pendant notre incarnation. Ils détiennent les solutions à tout problème rencontré, toute émotion vécue et toute situation expérimentée. Ils font le pont avec notre âme et connaissent donc tout de nous : Ce sont nos coachs célestes, nos superviseurs subtils ! Nous les appellerons ici : La *Light Team*[7] . J'aime

[7] Equipe lumineuse

les comparer à des copilotes : nous avons le véhicule et eux la carte routière. Parfois nous conduisons une Ferrari mais nous avons la carte d'une Renault 5 de par notre éducation... En faisant appel à eux, nous nous reconnectons à la bonne carte et pouvons ainsi desserrer les fesses lors des virages que nous fait prendre la vie ! Rien de tel qu'une conduite souple, n'est-ce pas ? Et stop aux vomitos !

Ils activent les bons boutons en nous ! J'insiste sur le fait que nous avons tout, absolument tout pour kiffer notre incarnation ! Les énergies angéliques elles, viennent nous réveiller, nous secouer et lustrer le tableau de bord afin que nous puissions en utiliser toutes les options !

Notre condition terrestre nous donne l'impression d'être séparés du Grand Tout en général et de notre *Light Team* en particulier ! De plus, notre âme oublie le super plan co-élaboré une fois propulsée dans son véhicule terrestre... Damned ! Nous cherchons donc, la plupart du temps, à agir seul, dans notre coin, et les résultats sont souvent médiocres : On ne comprend pas les règles du jeu terrestre, on galère, on chute et finalement, on n'a pas du tout l'impression de jouer ! Comprendre ces règles c'est se donner la chance d'obtenir chaque pièce du puzzle, simplement. La vie est une succession d'étapes, de niveaux, de difficultés et de réussites, sans oublier de très convoités kifs...Jusqu'au Game Over ! Croyez-moi, nous sommes « checkés » en tout temps et nous sommes aidés mais pour recevoir cette aide, nous devons tout d'abord en avoir conscience. Logique !

Mon optimisme travaillé (car non acquis à la naissance, comme beaucoup) mais aujourd'hui bien assis, vous invite à ouvrir de nouvelles portes : L'idée est de commencer à concentrer votre énergie vers les aides angéliques qui vous sont apportées, vers l'amour de soi, l'écoute de ses besoins et le respect des autres plutôt que de la gaspiller dans la médisance, la critique et les bad vibes[8] en tout genre. Aucun royaume n'a été construit sur des montagnes de fumier ! C'est en quelque sorte un pacte que je vous demande de passer avec vous « m'aime » et votre *Light Team* !

« Tout de moi me met sur la voie » et mon ange gardien est là pour appuyer sur les boutons, nettoyer le pare-brise et injecter une dose de pep's pour filer toute blinde sur le chemin de la kiff-attitude !

Tout au long de notre aventure, je vous proposerai des exercices simples et accessibles pour communiquer avec votre ange gardien et recevoir la guidance de votre coach céleste. À la fin de cette pépite d'ouvrage, vous trouverez un « Petit cahier en communication angélique », afin d'y noter vos expériences, constats et belles surprises.

---

[8] Mauvaises ondes (pour ne pas dire... Vraiment dégueulasses)

Enjoy the way of light…

☆ ☆ ☆

Composition de la Light Team ☆☆☆☆☆

Dans une équipe de Basket-Ball, chaque joueur a son rôle à jouer pour amener l'équipe sur le podium ! Le meneur monte la balle et place le jeu, les ailiers créent du mouvement et investissent la zone à 3 points et les intérieurs occupent la raquette pour les shoots sous le panier et les rebonds. C'est cette cohésion qui fait la performance et amène le succès ! J'ai pratiqué le Basket-Ball durant 10 ans et s'il y a bien une chose que les sports co nous enseignent c'est que rien ne vaut le travail d'équipe, que chacun a son rôle dans la partie et que « se la jouer solo » ne mène pas bien loin ! Nous avons besoin de co-créer pour gagner ! Bon j'ai aussi appris le respect, la persévérance, le dépassement de soi, la gestion de la frustration…Mais là n'est pas le sujet. Quoique, toutes ces belles notions nous sont également enseignées en co-création angélique !

Dans le jeu de la vie, c'est la même ! Décider de jouer seul, sans l'aide de notre équipe lumineuse qui elle, n'attend qu'une manifestation de notre part pour nous parachuter les balises, revient à se frayer un chemin des plus hasardeux. Au mieux, ça se passe pas trop mal mais chaque mètre parcouru fait grimper notre tension artérielle, au pire, c'est la « lose » totale !

Nous devons réellement prendre conscience que notre âme est entourée d'une vaillante équipe lumineuse qui nous accompagne avant, pendant et après notre incarnation. On ne va pas s'en plaindre d'ailleurs, la perspective « you are not alone » (RIP MJ)…C'est confort ! Cette équipe est donc composée d'ange(s) gardien(s) et de guides spirituels ! Nous parlerons ici de notre ange gardien au singulier pour plus de praticité et afin de ne pas brouiller les pistes.

Je reprends donc…

Il existe 2 différences fondamentales entre un ange gardien et un guide spirituel et je pense qu'il est important d'éclaircir dans un premier temps ces points afin de bien comprendre qui fait quoi. Primo, alors que nos guides spirituels sont la plupart du temps des ancêtres connus au bataillon ou pas, ayant œuvré sur terre tout comme nous en mode « chair & chacha », notre ange gardien lui, n'a jamais mis une aile sur la planète bleue, il est donc pur de toute influence égotique ! Segundo, les guides spirituels font des « tournantes » comme au ping pong (et seulement au ping pong, je vous vois venir…), c'est-à-dire qu'ils viennent subtilement nous épauler durant une période, plus ou moins longue, en fonction de l'étape que nous devons franchir, puis ils vaquent à leurs obligations d'âme et laissent un collègue céleste prendre la relève. Notre ange gardien lui, s'investit bec et ongles pour établir avec nous les règles du jeu, veiller sur le bon déroulement de la partie et ce jusqu'au *Game over*. Notre lien spirituel est donc très fort, même si nous n'en avons pas conscience. La présence de ce lien fait qu'il peut être activé et utilisé à tout moment !

★ Pour récapituler ; notre *Light Team* se compose de guides spirituels et d'anges gardiens. Les uns se sont incarnés et sont de passage, les autres nous « drivent » de leur cockpit céleste et activent constamment notre GPS intérieur ! Leur nombre varie, rien n'est figé !

Leurs rôles eux sont quasiment identiques ! Guides spirituels et anges gardiens ont pour mission de nous conseiller et de nous informer, avec en plus l'option « Protection » concernant les anges gardiens !

Pour moi, il n'y a pas de meilleure instance ou d'énergie plus balaise qu'une autre...Les hiérarchies n'existent que dans le monde de la matière et lorsque nous demandons de l'aide aux plans subtils, que nous nous adressions aux anges ou aux guides, nous sommes sûrs de la recevoir car, eux savent qui doit intervenir.

Maintenant que le tableau de bord est clair, intéressons-nous de plus près à notre ange gardien qui est quand même le sujet phare de notre pépite !

Notre ange gardien a un taux vibratoire supérieur au nôtre et cela s'explique de manière très simple. Nous sommes des êtres incarnés dans la matière et cette matière a une vibration qui lui est propre. La matière est dense et sa vibration « faible ». Notre ange gardien n'a pas de corps, il n'en a pas besoin pour effectuer son job. Son énergie est donc beaucoup plus fine et a une vibration logiquement différente de la nôtre. Elle est plus élevée. C'est pour cela que la plupart du temps, on ne perçoit pas cette énergie par le biais de nos 5 sens, qui eux, sont propres à notre condition humaine. Toutefois, nous disposons de sens subtils, bien présents chez chacun d'entre nous, souvent en stand-by mais prêts à être activés. Ils vont nous permettre d'établir la connexion « Satellite » avec la *Light Team*. C'est ce que nous verrons tout au long de ce livre.

Chaque ange gardien a une énergie qui lui est propre, tout comme chaque âme humaine a une énergie qui lui est personnelle. L'énergie de notre ange gardien peut ainsi être de tendance masculine ou féminine. On attribuera spontanément la notion de « masculin » à une énergie forte et pénétrante, sans mauvais jeu de mots, et la notion de « féminin » à une énergie plus douce et enveloppante. En travaillant de pair avec votre ange gardien, vous ressentirez peu à peu son énergie et saurez très rapidement dans quelle tendance il se situe. Mon ange gardien, Jérémie, a une énergie que je qualifie de « traversante ». Dès que je fais appel à lui, un frisson parcourt mon corps de la tête aux pieds avec une grande intensité. Je lui demande donc un coup de pouce dès que j'ai besoin de courage, de pep's, de passage à l'action ou toute autre qualité que nous attribuons à la part de masculin présente en chacun de nous. Je demande également à être dorlotée parce que Jérémie, il peut tout faire ! Tout comme le vôtre d'ailleurs, je n'ai jusque-là pas rencontré d'énergie angélique plus empotée qu'une autre !

Un jour, j'ai distingué l'énergie d'un deuxième ange gardien dans mon cockpit céleste : Une énergie douce et enveloppante qui se présenta à moi sous le prénom Lynne. C'est mignon Lynne vous ne trouvez pas ?

J'ai cherché à comprendre d'où venait cette énergie. Lynne m'a expliqué intuitivement qu'elle avait toujours été présente mais que jusque-là, son intervention n'avait pas été nécessaire car l'énergie de Jérémie avait répondu à mes attentes et besoins de ces 32 premières années. À l'aube de mes 33 ans, certains déclics se produisaient en moi, beaucoup de changements aussi et la douceur maternelle de Lynne était vivement requise, croyez-moi.

Lors de mes guidances angéliques, je me connecte aux anges gardiens de la personne et les messages transmis me confirment l'existence de plusieurs potes-en-ciel à nos côtés : le nombre dépend de nos besoins, de notre mission d'âme et autres facteurs spirituels.

Comment savoir combien d'anges vous accompagnent? Et bien faite confiance à votre feeling, à votre intuition, on n'est pas en pâtisserie là, les recettes varient d'un individu à l'autre !

Ici, nous nous adresserons à l'ange gardien du moment car il est plus simple de commencer le travail avec une entité subtile. Vous n'avez pas besoin de savoir par avance à qui vous devez faire appel, comment le sauriez-vous de toute façon ? Laissez venir à vous, là-haut, ils savent qui doit monter sur scène en premier !

☆ ☆ ☆

Mon ange gardien, mon âme-I ☆☆☆☆☆

Notre ange gardien nous apporte son aide en toute situation car son objectif est que nous roulions peinard, quoiqu'il se passe. Son champ d'action ressemble à une autoroute 4 voies ; Sur la voie intérieure, vous trouverez les questions d'ordres existentielles telles que « Quel est mon chemin de vie ? » ou « Dois-je quitter Dylan ? » , les voies du milieu nous conseillent sur nos vies perso et pro et enfin, la voie extérieure sur le cadeau que nous devrions faire à tante Jeanine pour son anniversaire. Il n'existe donc pas de questions « à poser » et de questions « à ne surtout pas poser ». La *Light Team* ne juge pas, elle est dépourvue d'ego, contrairement à nous, humains, qui jugeons un max. Ainsi, et je ne vous le confesserai pas deux fois, j'avoue aussi bien demander à Jérémie de l'inspiration dans mes écrits qu'une place de parking gratos dans le centre de Nice. C'est une sacrée aide au quotidien et la kiff-attitude peut progressivement prendre ses aises ! Easy life, c'est ma tournée !

J'ai mis du temps à m'autoriser certaines demandes, jugées par moi-même comme grotesques, et autres blagouzes avec ma Team. Il faut dire que les représentations angéliques transmises par les écrits religieux et la littérature en général ('suffit de regarder les couvertures de livre souvent sinistres, guère funcky et/ou mythologiques) ne nous donnent guère envie de bouffonner ou de solliciter leurs aides dès qu'on a un pet de travers... C'est du sérieux madame toute cette histoire, nom d'une pipe en diamant !

Je me suis donc penchée un soir d'été (pour la rime) sur les représentations angéliques qui sont désormais totalement désuètes, nous sommes tout de même au 21ème siècle ! Je demandais à Jérémie d'éclairer ma lanterne et il me livrait avec humour ce que je m'apprête à vous raconter.

Les énergies angéliques ont toujours existé et les représenter n'a pas été une mince affaire, de toute évidence. Imaginez le scénar' : Nous sommes en l'an 0 (ou bien avant) et nous devons représenter d'une manière ou d'une autre une forme « d'énergie supérieure », et qui plus est...Avec les moyens du bord ! Bah là, c'est la galère mon frère ! Le plus simple étant de lui donner des ailes pour voler et imager le côté « ciel » ; c'est ainsi que les anges ont été créés. Les énergies angéliques se sont adaptées et ont gardé ce « design » d'antan afin que nous puissions les reconnaître. Je pense que si nous devions les représenter aujourd'hui, ils se baladeraient sûrement avec des sabres laser et autres gadgets de geek en tout genre ! Si seulement...

Lors de mes consultations en guidance angélique, nombreuses sont les personnes qui me confient ne pas oser demander de l'aide quotidiennement à leur ange gardien, par peur de le déranger, genre : « *Attend 5 minutes Ginette, je bois mon thé sur nuage de lait !* ». À cela, s'ajoute un grand nombre de rabats-joie en tout genre qui accusent le coup d'un: « Ils n'ont pas que ça à faire ! ». Bah oui quoi, ils sont célestes et nous pauvres pêcheurs...Les aigles ne volent pas avec les pigeons my dear !

Non mais what the point ? Nous faisons partie d'un Tout et Dieu est en chacun de nous me semble-t-il ?! (c'est pas moi qui l'ai dit!) Que d'incohérences tapissent ce monde, apprenons à penser par nous-mêmes mes chères pépites...

Nos anges gardiens N'ATTENDENT QUE ÇA : faire claquer les castagnettes et apporter leur douce contribution à notre bien-être terrestre ! De nombreux potes-en-ciel passent une vie terrestre à attendre désespérément que leur petit protégé fasse appel à eux. Imaginez : on vous confie une mission, un poste clé très grisant et là... Personne ne vous calcule ! #jailesboules

La seule et unique priorité de votre ange gardien est que vous vous sentiez bien tout au long du chemin, en accord avec la mission que vous vous êtes fixés. Oui, je sais, ni plus ni moins, nous ne sommes pas habitués à de tels élans altruistes ! Vous pouvez ainsi tout lui demander. Inutile toutefois de lui demander de claquer le baigneur à votre ex qui vous file la nausée, cela ne fonctionnera pas, l'énergie angélique n'est qu'Amour, Gloire & Beauté, elle fait partie de la Source. Je préfère le spécifier, sait-on jamais…

Pour ma part, mes demandes sont diverses et variées et Jérémie y répond toujours, à sa façon et de différentes manières, que nous découvrirons tout au long de ce guide. Afin d'être un peu plus explicite sur les précieux dons de notre ange gardien, en voici une petite liste non exhaustive :

☆Aider à accroître nos finances

☆Rencontrer le « Big Love »

☆Trouver la solution juste à un problème

☆Régler un conflit

☆Dénicher le cadeau parfait pour une amie

☆Trouver la bonne personne pour développer un projet

☆Retrouver sa bonne humeur

☆Se libérer de ses angoisses…

☆Se libérer des pensées toxiques

☆Et cetera, et cetera, à l'infini.

Les seules limites qui existent sont celles que l'on s'impose !

Il est également très judicieux de faire appel à lui lorsque nous vivons une fâcheuse émotion dite négative telle que la tristesse, la colère ou le ressentiment. Après l'expression terrestre « Emballez, c'est pesé », nous apprécierons pleinement en temps de crise émotionnelle, le slogan angélique « Demander, c'est libérer ». Merci !

En tout temps et en tout lieu, quelle que soit notre demande, notre ange gardien remuera ciel et terre pour nous apporter une réponse. Ce travail d'équipe suggère un investissement à 50/50. Sa part du job est de nous guider si nous le lui demandons car notre ange gardien ne peut intervenir sans notre consentement, respect du libre arbitre terrestre oblige. *[Seule exception à cela, si nous nous retrouvons dans une situation vaseuse avec danger de mort mais que ce n'est pas notre heure, il interviendra sans nous demander la permission. Sur ce point-là, nous ne lui en tiendrons pas rigueur !]* Notre part du boulot, à nous co-créateur terrestre, est de conscientiser les balisages angéliques qui nous sont envoyés et de les suivre, en toute confiance. Bah ouais, vous vous doutez bien qu'ils ne vont pas non plus faire tout le boulot à notre place, genre... Nous faire gagner le jackpot en restant la couscoussière dans le canapé, faut pas pousser mémé ! L'un sans l'autre ne fonctionne pas, cela serait trop simple et finalement, guère amusant.

☆ ☆ ☆

L'ABC de la demande angélique: On fait comment ?

☆☆☆☆☆

La question à 1000 points...

Comment m'adresser à lui ? dois-je utiliser une formule particulière ou faire ma demande dans un contexte précis ? faut-il mettre des bougies ? de l'encens ? ou passer un coup de fil au père Fouras au préalable ? Je sens souvent une forme d'angoisse dans cette question, un peu comme si on se retrouvait devant une bombe : un fil bleu, un fil rouge « oh pétard si je coupe le mauvais fil y'a tout qui pète ! ». Bon ici, la peur *number one* est de ne pas être entendu !

Je vais donc, aujourd'hui, dans les lignes qui vont suivre, lever le voile sur cette interrogation de la plus haute importance. Pour cela, je vais une fois de plus vous replacer le contexte, j'aime que les choses soient claires et les déductions logiques. On ne se refait pas !

Notre ange gardien nous connaît parfaitement et quand je « plume » cet adverbe, je pèse mes mots ! Il connaît nos pensées, nos émotions, nos ressentis, nos envies, nos besoins, nos petits défauts... J'irai même à dire qu'il nous connaît mieux que nous-mêmes. Flippant non ?! Grâce à cette connaissance sans faille de notre Être, il est capable de répondre de la meilleure façon qui soit à nos demandes, ce qui représente un gain de temps non négligeable. Il connaît donc tout et ne juge rien, et cela nous arrange bien. Sur ce tableau relativement plaisant, il conviendra de s'adresser à lui naturellement, tel que nous sommes.

Oubliez donc les salamalecs pompeux si cela ne vous correspond pas et parlez-lui, tout simplement. Soyez sincères et authentiques sur vos sentiments, vos doutes, vos peurs, vos espoirs et tout le toutim personnel. Parlez-lui dans votre tête, à voix haute ou en chanson car votre message sera toujours entendu et traité lorsqu'il est dit avec le cœur. Si la demande compte vraiment pour vous, prenez un temps de calme et de silence pour lui partager vos tourments ou rêves en couleur car, on ne confie pas de grands projets en faisant cuire des saucisses (sauf si le fait de cuire des saucisses vous détend !). Pour les acrobates de la plume, vous pouvez lui écrire car les mots libèrent les maux, c'est bien connu ! Les rituels ne sont point de mise, sauf si cela a du sens pour vous sinon, restez authentique, avec humour ou nonchalance, dérision ou autorité, mais n'oubliez pas de dire merci, c'est important la politesse !

La formulation de la question est très importante et sur ce point...C'est l'expérience qui parle ! Je communique quotidiennement avec les anges et les Archanges et il me semble important de rappeler que le travail n'est jamais fait à notre place ! Comment pourrait-il en être ? Ils ont la carte mais c'est nous qui conduisons la bagnole ! Si vous souhaitez rencontrer une âme sœur, il est plus judicieux de demander à votre coéquipier céleste de vous montrer la route plutôt que de lui ordonner de la mettre sur votre chemin ! Votre mission de vie implique peut-être que vous guérissiez certaines blessures et travailliez certains points pour rencontrer cette personne et votre ange gardien ne peut vous l'offrir sur un plateau d'argent si vous faites la grève ! En revanche, il peut vous montrer de manière très claire les différentes étapes à parcourir pour atteindre le St Graal de l'amour ! Aoum chachacha! Il en est de même pour vos portefeuilles...Ils ne vont pas les remplir à votre place hein ?! En revanche, vous guider intuitivement pour y parvenir, ça c'est leur crédo !

Quelques demandes « type »:

☆ Que puis-je faire pour...?

☆ Pourquoi... "blablabla, tchin tchin"?

☆ Libère moi de....

☆ Aide moi à y voir plus clair pour...

☆ Est-ce la bonne option/personne/situation pour moi ?

☆ Trouve moi une fu****g place de parking! :D

☆ Et cetera.....

En terre

de

Kifs

L'objectif de ce chapitre est de rendre votre terre intérieure fertile : fertile à la communication angélique et fertile aux kifs de la vie! Et cela tombe bien mes chères pépites lumineuses car les deux font la paire ou du moins, sont issus des mêmes graines ou vibrations ! Alors d'une pierre deux coups, j'aime rentabiliser temps et explications !

Mais de quelles vibrations parlons-nous ici ?

Il s'agit bien évidemment de notre outil terrestre, notre Ferrari de la vie : Notre corps ! Et lorsque je parle de corps, je l'envisage dans son ensemble corps-esprit-âme car une carrosserie sans moteur ni essence ne nous conduira pas bien loin n'est-ce pas ?

En tant qu'individu dans son ensemble corps-esprit-âme, nous émettons des vibrations, des « vibes » plus ou moins positives, c'est un fait ! Certaines personnes nous donnent envie de danser le chacha quand d'autres nous filent la gastro et là aussi, ne nous voilons pas la face, c'est un fait ! En des termes un peu plus spirituels, nous parlerons de taux vibratoire !

Notre taux vibratoire à nous, co-créateurs terrestres, est de base relativement dense car nous sommes « matière ». Au-delà de cette matière, nous flirtons quotidiennement avec un ego qui par opposition au cœur, réfléchit beaucoup et rationalise toutes les situations auxquelles nous sommes confrontés ! L'ego, c'est un peu le « lourdaud » de notre bande intérieure et nous verrons pourquoi par la suite. Nous partons donc en quelque sorte avec un « handicap » de vibrations, corps et ego plombant le système ! Si nous souhaitons augmenter notre champ de conscience pour atteindre la subtilité du monde angélique (monde dépourvu d'ego donc beaucoup plus léger) et entre autres, communiquer facilement avec notre ange gardien et kiffer la vie, nous allons devoir sortir de cette densité. J'appelle cela « dealer » avec la matière en mettant l'accent sur notre part de lumière. Oh yes, cette part de lumière est tapissée de joie, d'abondance, de facilité, d'écoute et de tous les bons ingrédients que nous cherchons à développer et expérimenter au quotidien !

La bonne nouvelle, c'est que nous avons tous cette part de Divin en nous, plus ou moins développée je vous l'accorde, mais qui ne demande qu'à briller pleinement. En révélant ce diamant intérieur et en se connectant à lui, nous sommes amenés à suivre une guidance de cœur plus que de « tête » et là...C'est le Jackpot Thérèse! Notre caverne d'Ali baba intérieure peut enfin ouvrir son sésame, cap sur les kifs de la vie, la chasse aux trésors peut commencer et notre ange gardien est là pour nous guider !

L'effet « Boule de Neige »...

À ce stade précis, il est important d'intégrer que c'est à nous d'enclencher la *kiff-machine*, en faisant un pas vers les désirs de notre cœur ! Quand j'écoute mon coeur et que je m'autorise à prendre en considération ses désirs, ce dernier frétille et danse de joie et mes vibrations augmentent naturellement. Ces nouvelles vibrations me donnent de l'énergie pour passer à l'action et gravir les échelons de la *kiff-attitude*, et ainsi de suite, c'est l'effet Boule de Neige ! En augmentant mes vibrations, je crée également un pont de communication avec les énergies angéliques, plus mes vibrations augmentent et plus je suis capable de capter la guidance céleste ! D'une pierre deux coups ! Cet effet boule de neige est bien évidemment valable dans les deux sens et peut virer au chaos total si coeur et corps dans son ensemble ne sont pas respectés ! La notion de responsabilité doit donc être votre fil conducteur : vous êtes responsables de la nourriture que vous donnez à votre véhicule, vous êtes responsables de vos pensées et vous êtes responsables de vos vibrations. Le deal est simple : Prenez vos responsabilités pour créer de manière consciente votre effet Boule de Neige souhaité.

Tout au long de ce chapitre, je vais vous donner des conseils pour élever votre taux vibratoire car vous l'aurez compris, plus notre taux vibratoire frôle le soleil et plus il fait bon vivre, connecté avec la *Light Team* ! Il est en réalité très simple de savoir où se situer sur « l'échelle des vibes » : Comment vous sentez-vous en ce moment ? Êtes-vous en pleine forme ou fatigués ? Êtes-vous d'humeur optimiste ou pessimiste ? Êtes-vous souvent malades ? Quelle est votre phrase fétiche ? : « Génial, tout est parfait ! » ou « oups, y'a une couille dans le pâté ».

Ce que l'on pense, ce que l'on dit et ce que l'on fait a une influence sur notre taux vibratoire ! Notre corps parle, il est notre boussole, écoutez bien ce qu'il a, à vous dire et si ce que vous entendez ne vous plait pas, changez, tout simplement !

Let's go !

☆☆☆

Émanciper son esprit ☆☆☆☆☆

Ce qui nous retient dans cette densité est en grande partie notre mental dont le chef-lieu s'appelle Ego. Vous savez ? L'ego, cette chose qui nous pourrit la vie les 3/4 du temps car nous lui avons affecté plus ou moins consciemment le rôle principal de notre aventure terrestre ! Notre ego réfléchit beaucoup, analyse beaucoup et juge... Beaucoup (les autres et surtout nous-mêmes). Ce jugement plus ou moins conscient, nous empêche d'avoir accès à notre cœur, rétrogradé en deuxième position, et pourtant royaume de tous les possibles et porte d'entrée des messages angéliques. Lorsque nous sommes dans l'ego, nous barricadons les portes et nous nous enfermons dans la petite boîte de notre mental. Jérémie, mon ange gardien, m'a envoyé cette image de l'ego; telle l'ancre d'un bateau, il est impossible d'atteindre d'autres rivages si nous restons amarrés dans ses miasmes. Nous sommes dans la dimension matérielle de notre être et non dans son aspect spirituel. Les énergies sont denses et lourdes et à bien y réfléchir, rien n'est léger quand il s'agit de l'ego. Comme je vous le disais, c'est le « lourdaud » de la bande ! Il est donc fort difficile d'atteindre la légèreté et la subtilité que suggèrent nos compagnons de Lumière si cette densité-là gouverne notre vie. La première chose à faire, pour augmenter son taux vibratoire, est de commencer à progressivement sortir de l'ego. J'appelle cela : Émanciper son esprit !

Lorsque nous décidons consciemment d'accorder moins d'importance aux méandres de notre mental, nous libérons de la place et il nous devient naturellement plus simple de percevoir les messages de notre ange gardien et d'écouter nos désirs de coeur. Nous y revenons donc, d'une pierre deux coups ! Concrètement, j'adore ce principe qui nous rend complètement responsable de la nourriture que nous décidons de nous donner par le biais de nos pensées. Se libérer de l'ego peut paraître difficile de prime abord mais le cerveau est un organe très intelligent et avec un peu de pratique, on vient à bout des pensées les plus tenaces, il suffit de se donner la peine de frotter !

Je vous ai donc préparé un protocole car les traces de l'ego sont souvent bien incrustées alors un petit coup de pouce ne fait pas de mal !

A vos cahiers !

* Protocole d'émancipation *

1- Identifier quand l'ego dirige le flow : L'ego juge les autres en général et nous en particulier, of course. Il nous crée des émotions désagréables et dicte notre vie en nous mettant quelques freins. L'ego nous coupe de l'empathie (« Elle m'énerve celle-là à parler comme un moulin »), de l'amour (« Qu'est-ce que je suis moche ce matin ! ») et de la spontanéité (« Ne pose pas cette fichue question, tu vas avoir l'air bête »)... Vous voyez le genre ?? Prendre conscience de ce processus limitant , c'est 70 % du boulot!

2- Donner un petit nom à son ego : L'ego existe, il mérite son petit nom afin que l'on puisse s'adresser à lui et le rassurer. Initialement, l'ego n'est pas là pour nous pourrir la vie, il est là pour nous protéger et s'est construit au gré de nos croyances et au fil de nos expériences. Vouloir le rejeter de toute pièce reviendrait à en augmenter la puissance. Soyons donc plus intelligents et rassurons-le. Le mien par exemple, s'appelle « Rude » (prononcé « woude »), il est anglophone et cela veut dire « malpoli » car, je ne vous le cacherai pas... Il l'est vraiment !

3-Parler à son ego : Lorsque Rude intervient dans ma tête, je lui explique qu'il n'est pas nécessaire de juger, qu'en faisant cela, il me coupe de ma propre liberté (En jugeant les autres, je me juge moi-même). J'accueille ses complaintes, je le rassure, mais je ne l'alimente surtout pas. Le volume diminue ainsi naturellement.

Plus nous travaillons à faire taire notre ego, et plus notre taux vibratoire augmente, un peu comme si nous laissions notre ancre au port afin de naviguer peinards. Nos pensées peuvent naturellement surfer vers des champs de conscience plus élevés, et capter beaucoup plus aisément les messages que notre ange gardien souhaite nous envoyer. Prenez cela comme un jeu, le jeu du « Vivre peinard en Terre de Kifs », cette approche exotique rend son parcours beaucoup plus attrayant. J'observe mon ego, je lui dis « stop » (ou « ta gueule », les jours où ma patience est en bout de tube) et je remets le coeur au premier plan: Amour, Gloire & Beauté

La méditation est un très bel outil pour « dresser » comme il se doit notre mental ! Tout est question d'éducation ! Le mental prend généralement beaucoup de place car il a été mis en tête de gondole depuis notre naissance. Je vous invite à faire preuve de bon sens, à laisser de côté les pensées limitantes, à déconstruire pour reconstruire surtout lorsqu'il s'agit de votre bien-être intérieur ! Contrairement à ce que nous pouvons penser, la méditation n'est pas « faire le vide dans sa tête » (« C'est pas possible chérie ! » vous dirait Bouddha) mais plus une invitation à laisser aller, à ne pas retenir des pensées dites « parasites ». Moins on les nourrit plus elles maigrissent et plus elles maigrissent, moins elles prennent de place : C'est comme dans la vraie vie !

#jefaisunregimemental

Pour intégrer ce lâcher prise mental, vous allez devoir vous y adonner un poil ! Et oui, c'est comme tout, un développement de capacité nait de la régularité, il n'y a pas de mystère ! Vous pouvez commencer par 10 minutes quotidiennement, le temps de 3 chansons ! Il n'est pas nécessaire de vous mettre en position yogi dans le silence le plus total , une petite musique douce fera très bien l'affaire et sera de toute évidence très appréciée des novices !

☆ ☆ ☆

Allumer sa radio intérieure ☆☆☆☆☆

Augmenter son taux vibratoire demande également d'allumer sa radio intérieure, que nous appelons communément : Le cœur !

Libres de notre Ego, ou en *process*, nous pouvons gagner en finesse et faciliter la connexion avec notre ange gardien par l'ouverture du cœur, berceau de l'âme et tour de contrôle des communications subtiles. Notre cœur est la radio sur laquelle nous devons ajuster nos ondes, afin de capter le son qui nous intéresse. Il détient de nombreux trésors tels que l'intuition, l'amour et la création de toutes formes de choses se manifestant dans notre vie. Un cœur fermé, nourri de colère, de ressentiment et de peurs (même si ces dernières nous semblent louables) est comme une porte blindée, nous empêchant de communiquer avec la source. Rappelons-le et soyons clairs à ce sujet; la Madré n'est qu'un concentré d'ondes positives ! Ça peut sembler agaçant par moment mais c'est comme ça ! Je ne vous le répèterai plus mes chères pépites. Coupés de cette guidance, nous agissons avec notre tête et les résultats ne sont pas toujours des plus glorieux. Simple constat, excusez-moi. Il faut dire, pour notre défense, que nos expériences de vie représentent de sacrés challenges pour notre cœur car nous nous devons de les encaisser tout en préservant cette ouverture, afin de ne pas sombrer dans des modes de fonctionnements contraires à notre épanouissement. Pas simple l'histoire. La tristesse par exemple, ferme la porte de notre cœur, la colère y met un tour de clé et le ressentiment barricade le tout. Objectif ? Se protéger des attaques extérieures, sait-on jamais, « chat échaudé craint l'eau froide ». Toutefois, lorsque nous fermons la porte à l'extérieur, nous nous fermons également la porte à nous-mêmes, « miroir mon beau miroir ».

Se libérer de nos émotions négatives, c'est ouvrir la porte et laisser entrer un peu d'air frais dans la casbah. C'est bon l'air frais ! Toute émotion positive qui en découle entraîne une connexion directe avec notre ange gardien ou la capacité de recevoir beaucoup plus facilement ses messages.

Je visualise toujours cela comme un petit fil argenté. Dès que je ressens une émotion positive, je pense à Jérémie et connecte mon petit fil à lui. J'utilise pour cela mon imagination et mon intention, cela va s'en dire. Aussi étonnant que cela puisse paraître, idées inspirantes et grande confiance en moi s'en suivent. Je sais là que j'ai une réponse de sa part.

Ouvrir votre cœur et ajuster votre radio subtile aura un double effet sur votre vie. Primo, vous allez pouvoir rentrer consciemment en contact avec votre ange gardien et obtenir sa guidance. Segundo, c'est quand même plus sympa d'explorer la jouissance des émotions positives que d'user temps et énergie à colmater son cœur meurtri d'émotions négatives.

Voici mes petits protocoles d'ouverture du cœur. La première partie nous libère de tout ce que nous avons accumulé au fil de nos expériences et qui brouille la réception de « Radio Angélico ». C'est un déchargement d'un coup d'un seul permettant de créer l'ouverture. La deuxième partie est à utiliser quotidiennement, lorsque la négativité s'empare de vous. C'est un déchargement au compte-gouttes, permettant de maintenir l'ouverture.

* Protocole d'ouverture du cœur *

Partie #1 – Créer l'ouverture

Allongez-vous bien confortablement dans un endroit où vous ne risquez pas d'être dérangés. Fermez les yeux afin de faciliter la connexion et prenez quelques grandes inspirations et expirations jusqu'à ce que vous sentiez le calme s'installer en vous. Puis, demandez à votre ange gardien de venir faire le grand nettoyage de tout ce qui vous empêche présentement de vous connecter à lui.

Il n'existe pas de phrases ou prières types pour faire cette demande. Les anges nous entendent toujours. Utilisez donc vos propres mots, en toute sincérité et votre prière sera entendue.

Ce petit protocole est à faire plusieurs jours d'affilée car on ne guérit pas un cœur échaudé en un seul jet ! Faites appel à votre intuition, afin de savoir quel est le temps nécessaire pour votre être intérieur.

* Exemple de demande 1 *

« Mon ange gardien (ou son nom si vous l'avez) je te demande de venir près de moi ici et maintenant et de nettoyer mon cœur de ses blessures, émotions négatives (n'hésitez pas à les citer) et de tout ce qui m'empêche aujourd'hui de vivre pleinement dans l'amour et de recevoir tes messages. Je souhaite ouvrir mon cœur afin de pouvoir rentrer plus facilement en contact avec toi. Libère-moi de mes blocages. Merci, t'es super cool ! »

* Exemple de demande 2 *

Prenez une feuille, un stylo (ou votre petit cahier en communication angélique) et lâchez-vous ! Il est important d'extérioriser ce que l'on a sur le coeur et l'écriture est un très bel outil d'expression. N'hésitez pas à aborder les détails croustillants, à décrire tout ce qui vous pèse ou vous empêche d'avancer présentement. Puis, demandez à votre ange gardien de prendre en charge ce recueil peu ragoûtant.

* Protocole d'ouverture du cœur *
Partie #2 – Maintenir l'ouverture

1. Lorsque vous vivez une émotion dite toxique telle que la colère, la tristesse, la peur, le stress ou toute autre forme émotionnelle négative, demandez instantanément dans votre tête l'intervention de votre ange gardien afin de vous en libérer et d'installer la paix en vous. Ce petit procédé tout simple peut changer le cours d'un instant ou d'une journée, ne sous estimez donc pas son efficacité !

2. Nourrissez régulièrement votre cœur d'émotions positives. Rien n'est plus grisant pour notre petit cœur que de ressentir des émotions positives. La joie, la gratitude ou le bien-être sont des émotions qui ont une grande puissance vibratoire. Ces émotions sont capables de dissiper toutes zones d'ombre et nourrissent notre être d'une nourriture hautement énergétique. Il est donc important de choisir les bons aliments tels que le rire, les plaisirs et la détente et d'investir dedans, cela s'appelle l'Amour de soi ! Ce n'est pas seulement votre cœur qui vous dira merci pour cette généreuse initiative à son égard, c'est votre Être tout entier. Rappelons-le encore une fois; la source, les anges, Dieu, l'Univers...Ne sont qu'Amoouuuur (cette fois-ci, c'est vraiment la dernière fois que je vous le dis !), il va donc falloir commencer par s'en donner (de l'amour hein ?!) pour surfer sur les mêmes ondes !

Je vous conseille d'utiliser votre petit cahier en communication angélique pour faire ceci. D'une part, vous pouvez y noter les stress et autres troubles qui prennent le dessus à certains moments, afin de libérer par le biais de l'écriture ce qui se passe à l'intérieur. D'autre part, vous pouvez faire le point sur les petits et grands bonheurs du quotidien (vos kifs) afin de nourrir (et donc faire grossir) des sentiments positifs dans votre véhicule ! Le sésame s'ouvrira ainsi progressivement !

☆ ☆ ☆

Se reconnecter au grand TOUT ☆☆☆☆☆

Communiquer avec les mondes subtils relève presque d'un art de vivre. À travers mon activité de traducteur angélique, il m'a été possible de constater que les connexions se font beaucoup plus naturellement (ou sont amenées à se développer) dans certains contextes, et je pèse mes mots !

Je me trouvais dans une salle d'attente lorsque mon regard se posait sur ce petit livre orange intitulé « La part du Colibri » de Pierre Rabhi ! Ses mots résonnaient fort en moi tant leur justesse me parlait et nourrissait mon cœur ! L'auteur nous faisait là un bel état des lieux : nous grandissons dans une boîte que l'on appelle l'école, poursuivons nos études dans une boîte et travaillons plus tard pour une boîte. Nous rentrons chez nous dans notre petite boîte, et le week-end, nous allons en boîte dans notre « caisse ». Au final, le « on » sociétal nous met dans des cases en fonction de nos croyances, de notre profession, de la tune que l'on a en magasin et de notre mode de vie. Je ne sais pas vous mais toutes ces boîtes, moi, ça m'oppresse grave !

À l'origine, l'être humain n'est pas fait pour être enfermé de la sorte; d'ailleurs, toutes ces boîtes entrainent de nombreux « pétages de plomb » appelés communément « burn out ». L'homme s'entoure de béton, étouffe la Terre et s'étonne d'étouffer lui-même ? Faisons preuve de bon sens tout de même ! L'être humain fait partie intégrante de la nature qui l'entoure, il n'en est pas le propriétaire mais le locataire, et comme toute bonne colocation, l'échange est de mise. Le gros hic, c'est que les choses ne se passent pas ainsi...L'homme utilise la Terre plus que de raison sans se rendre compte qu'en se déconnectant d'elle, il se déconnecte de lui-même ! J'adore voyager, découvrir le monde et ses surprises. Certains peuples sont beaucoup plus au contact de la nature que nous le sommes, nous occidentaux. Proches de Gaïa, ces populations développent une ouverture spirituelle et parallèlement, j'ai pu constater que mes connexions personnelles n'ont jamais été aussi intenses qu'en son berceau. Si l'on souhaite augmenter son taux vibratoire et se reconnecter à son essence personnelle , il est important de passer du temps dans la nature et aux contacts des petits esprits qui l'animent. Lorsque je me sens stressée par exemple, Jérémie me recommande toujours d'aller prendre « un bol d'air » dans la forêt ou en bord de mer. Cela se manifeste par l'envie subite d'aller flâner dans les champs. Mon intuition me parle, j'apprends à laisser de côté pour 1h ce que je suis en train de faire et je vais danser la vie à l'extérieur ! Ces promenades m'offrent une bonne dose de calme et des réponses à mes questions: toujours ! La nature met nos sens dans un état de parfaite réceptivité à la guidance angélique. Les anges aiment la nature qui est la résidence principale de toute forme de vie. La nature nous nettoie, nous purifie et nous offre une forme de lumière intérieure. Notre taux vibratoire s'en ressent et grimpe d'un échelon : Je suis zen après une balade en nature ! Malheureusement, nous semblons l'avoir oublié mais dans notre malheur, je suis là pour vous le rappeler ! Entourez-vous de beau, de frais et investissez en la vie. Les animaux, les fleurs, les plantes et une nourriture saine doivent faire partie intégrante de votre quotidien.

Je reçois de nombreux messages de Jérémie lorsque je suis au contact de mes chats, je perçois plus facilement sa guidance lorsque je mange des aliments sains et les idées inspirantes viennent à moi lorsque je prends le temps d'aller « dehors ».

En vous reconnectant progressivement à notre Terre mère, vos sens subtils se développeront et gagneront en précision. En d'autres termes, pour faire grimper votre taux vibratoire et charger les informations de votre ange gardien, branchez-vous sur la bonne prise, ici, la Terre !

☆ ☆ ☆

Se connecter à son

Ange Gardien

Au jour le jour...

☆☆☆☆☆

Mon ange gardien s'appelle Robert ☆☆☆☆☆

Quel drôle de titre ! Pour tout vous dire, il m'a été angéliquement soufflé ! Je travaille beaucoup en co-création avec l'Archange Gabriel, qui accompagne les enseignants et les artistes dans l'expression de leur créativité. J'aime créer avec Gabriel qui m'inspire à transmettre de manière totalement badine et décalée ! Qui a dit que les anges n'avaient pas d'humour ?

#ilsepassededrolesdechosesdansmatete

☆Début d'un aparté totalement décalé entre Gabriel et moi-même☆

« Dis Gabriel, pourquoi Robert ?

— Car trouver le prénom de son ange gardien est une question qui tarabuste grand nombre de personnes !

— Oui mais pourquoi Robert ?

— Parce que les anges gardiens ont un prénom, tout comme vous. Dans l'absolu, les prénoms sont complètement futiles sur les plans supérieurs mais pour vous, co-créateurs terrestres, c'est important de nommer et classer tout ce qui vous entoure.

— Ah oui, comme dit si bien ma tante Bernadette : « Chaque chose à sa place et une place pour chaque chose ! » Et puis, cela rend la relation subtilo-terrienne bien plus sympathique. Et sinon, pourquoi Robert ?

— Si vous avez des difficultés à trouver le prénom de votre ange gardien, Robert fera très bien l'affaire ! »

☆Fin de cet aparté totalement décalé☆

Notre ange gardien a donc un prénom, spécialement créé pour communiquer avec nous et répondre à nos exigences humaines. Nous le souffler est donc l'un de ses passes-temps ! Découvrir le prénom de son ange gardien, c'est établir un lien de proximité et de complicité, c'est un peu la base, comme lorsqu'on rencontre une nouvelle personne et que l'on souhaite co-créer avec elle, ou tout simplement échanger. C'est pour cela qu'en attendant d'avoir le bon prénom, nous pouvons l'appeler Robert !

Avant toute chose, pour connaître le prénom de son ange gardien, il faut commencer par le lui demander. Ah bah oui, comme dans la vie matérielle ! Cette demande doit venir du cœur, qui rappelons-le, est le meilleur chemin pour que chacune de nos demandes soient entendues. Demandez-lui sincèrement, avec la ferme intention d'établir un rapprochement entre lui et vous. « Robert, donne-moi ton vrai prénom ! »...

Une fois encore, il n'existe pas de recette toute faite concernant cette demande. Vous pouvez lui demander son prénom dans votre tête, à voix haute ou par écrit.

Utilisez le mode de communication qui vous semble le plus approprié et demandez, jusqu'à ce que vous receviez une réponse. Les réponses arrivent toujours, soyez-en sûrs !

La demande faite, nous allons aiguiser notre réceptivité car c'est bien souvent cette étape qui pêche : Recevoir la réponse ! Notre ange gardien nous répond toujours, oui, mais nous ne percevons pas forcément les signes envoyés ! Dans une vie pleine de fantasmes, Robert nous passe un coup de fil pour nous dire « Hey oh, moi c'est pas Robert, c'est John ma biche », mais ça...C'est dans nos rêves ! (soit dit en passant, la réponse peut très bien arriver par le biais d'un rêve). Dans la vraie vie, celle que nous traversons actuellement, notre ange gardien va devoir user d'ingéniosité pour attirer notre attention, grands sceptiques débordés par nature que nous sommes ! Alors munissez-vous du petit cahier en communication angélique, posez votre question, prenez quelques grandes respirations pour faire le vide, tournez sur vous-mêmes (optionnel) et notez-y vos premières pensées. Si rien ne se passe, je vous invite à poursuivre votre lecture accompagnée d'un carré de chocolat noir ! (c'est optionnel également, mais c'est bon le chocolat noir !)

Les anges utilisent de nombreux et subtils stratagèmes afin de nous faire parvenir leurs prénoms lorsque nous leur demandons. Ils apprivoisent notre environnement en espérant que nous saisissions le message, l'information. Ils font appel à tous nos sens ; la réponse peut nous parvenir de manière visuelle, auditive et/ou sensitive. La réceptivité demande de l'ouverture. Si vous ne prenez pas le temps de conscientiser ce qui se passe, vous n'obtiendrez rien alors soyez attentifs et ouvrez grandes les mirettes !

☆ Jérémie ☆

Lors d'une méditation, je souhaitais rentrer en contact avec mon ange gardien. Je ne connaissais pas son prénom à l'époque et le moment me semblait parfaitement choisi pour faire connaissance. Je lui demandais presque solennellement avec la ferme intention d'obtenir une réponse. Suspens...Allait-il me le chuchoter à l'oreille ? Me faire apparaître son prénom en lettre lumineuses, comme à Vegas ? Les yeux fermés, je patientais. 15 minutes passaient, que nenni! J'étais de toute évidence dans l'attente enfin, mon ego Rude l'était : « Il ne va pas se manifester, d'ailleurs je n'en ai peut-être pas moi d'ange gardien... Bla-bla-bla » (Sacré Rude !). Puis, je décidais de lâcher prise, résister était fatigant. Alors que je basculais agréablement dans un état méditatif, le flash très clair d'une connaissance de boulot m'apparaissait. Cet homme s'appelait Jérémy (avec un

« y »). Surprise de voir ce visage, je demandais presque spontanément confirmation. L'image de cette personne réapparaissait accompagnée de cette conviction presque audible que le prénom de mon ange gardien était Jérémie (mais écrit « ie », c'est important selon lui). Je le questionnais intérieurement : « Tu t'appelles donc Jérémie ? ». Un frisson traversait tout mon corps, c'était sa manière à lui de me dire « Yes poulette, tu as pigé ! ». Ce frisson est depuis devenu notre moyen de communication privilégié !

Allez hop, un autre exemple, car les réponses n'arrivent pas forcément en état méditatif...

☆ Kim ☆

Lorsque Sophie demanda le prénom de son ange gardien un soir, avant de se coucher, son scepticisme naturel la chatouillait. Les anges et toute cette histoire d'aides subtiles, elle n'y croyait qu'à moitié. Le lendemain matin, elle se réveillait tout de même avec un prénom en tête : Kim. Un ange qui s'appelle Kim ? Drôle d'hérésie pensait-elle. Elle demandait tout de même confirmation. Quelques jours plus tard, alors qu'elle allumait sa télévision, elle tombait sur un télé-crochet dont le personnage principal s'appelait... Kim. Pas mal comme coïncidence, son mental faisait encore de la résistance.

Deux semaines passèrent, peut-être trois. Alors qu'elle ouvrait le coffre de sa voiture, elle s'apercevait qu'une boîte de sardines s'y trouvait, sûrement un oubli de ses courses du jeudi. En retournant cette boîte, qu'elle ne fut pas sa surprise de constater qu'il était écrit « *Sardines KIM* ».

Les anges redoublent d'efforts afin que nous percevions leurs messages. La qualité de réception est étroitement liée à l'attention que nous allons y porter. N'oubliez pas que notre cerveau sélectionne l'information dans notre environnement.

Cette réception est personnelle; certaines personnes vont obtenir l'information à l'intérieur d'elles-mêmes, comme une conviction, une idée ferme et inspirante ou l'image d'une personne qui s'impose à elles. On parle ici de réception intuitive. D'autres en revanche, vont percevoir l'information à l'extérieur, dans leur environnement qui est un terrain de jeu formidable pour capter des informations diverses et variées. Le prénom peut arriver en écoutant la radio ou la télévision, sur des affiches publicitaires, dans vos mails, sur une photo, lors d'un coup de fil ou d'une discussion sur les réseaux. On parlera de réception consciente. Soyez donc très attentifs aux prénoms qui vont s'imposer à vous de manière répétitive les jours suivants votre demande.

Pour cela, notez en fin de livre, dans la section « petit cahier de communication angélique », les prénoms redondants dans votre environnement. Les noter, c'est conscientiser.

Si malgré tout, vous ne parvenez pas à savoir de manière précise quel est son prénom, demandez-lui de l'aide afin que les éléments puissent vous apparaître de manière claire, et il le fera. Votre mental va très certainement vous jouer des tours avec des « Ce n'est pas possible » ou « Ça ne peut pas être ça »… Ayez simplement conscience de ce phénomène sans lui accorder de la crédibilité. Sinon, optez pour Robert !

Parallèlement, il faut savoir que nos anges gardiens ne s'appellent pas forcément Paul, Jean ou Luc, et heureusement ! Les anges se sont actualisés avec le temps ! Il existe autant de prénoms d'anges que de prénoms humains et le prénom de votre ange gardien n'est en rien lié à vos convictions religieuses, votre nationalité ou votre pays d'adoption terrestre. À travers mon activité j'ai ainsi rencontré des anges s'appelant Prunelle, Anastasia, Chris, Alex, Thérèse, Nadine, Ophélie ou John ! Open your mind !

☆ ☆ ☆

Qui me parle ? Ma tête ou mon ange gardien ? ☆☆☆☆☆

Nous recevons des messages de notre ange gardien en tout temps mais force est de constater qu'il n'est pas toujours aisé de faire la différence entre le conseil angélique et celui... De notre mental. Nous captons une information visuelle, auditive ou kinesthésique et nous doutons instantanément : «Est-ce mon ange gardien ou mon imagination ?». Rassurez-vous, nous sommes tous logés à la même enseigne lorsque nous débutons.

Primo, faisons la différence entre l'information issue du mental et celle venant tout droit des sphères supérieures. Je vous demande d'être bien attentifs à ce qui suit, ainsi, si le sommeil vous guette...Retrouvons-nous demain ! Good Night !

L'information issue de notre mental nous demande de la réflexion. Par exemple, je souhaite changer d'emploi : je me penche donc sur la question, mes pensées pédalent, la dynamo chauffe plein tube, je m'interroge, je questionne mon entourage, je cherche et me prends surtout le « casque ». Ici, nous sommes à 100% dans le mental !

L'information envoyée par notre ange gardien arrive toute seule, sans chercher-penser-cogiter-pester-lorgnersupplier. Nous posons une intention ferme, ici, être orientés vers le bon job, et demandons parallèlement à notre mental de la mettre en veilleuse. Si ce dernier se montre trop insistant et vous bombarde d'émotions négatives en mode « L'empire contre-attaque », je vous conseille de lui dire « ta gueule », de manière ferme, c'est VOUS le patron à bord, non mais oh ! Libre de cette réflexion presque hypnotisante, nous pouvons recevoir en toute conscience les indices qui se présentent à nous et laisser couler le « flow ». Cela demande, et vous l'aurez compris, de lâcher prise et de faire confiance ! Après tout, essayons voir, cela ne coûte rien de changer nos petites habitudes « prises de tête ».

Pour reprendre notre exemple (changer de job), je demande à mon ange gardien de m'orienter puis, je vais jardiner, car j'aime bien m'occuper du jardin.

Les mains dans la terre, une idée me vient... « Appelle Sylvie ! ». Je décide de suivre cette idée, même si mon mental me dit que Sylvie est trop bavarde, un peu perso et qu'il n'a pas le goût là, maintenant, d'assister à son monologue géant. En contactant Sylvie, elle me dit qu'un poste s'est libéré dans l'association pour laquelle elle œuvre. Génial, elle va faire passer mon CV ! Ici, nous sommes dans la guidance de notre ange gardien !

L'idée principale est de savoir très clairement ce que l'on souhaite, en faire la demande et céder la suite des événements à notre ange, comme dans une course de relais. C'est un travail d'équipe, je vous le rappelle.

Jérémie me souffle qu'un petit exemple ne serait pas du luxe ! Et ça tombe bien... J'en ai justement un sous le coude !

Lorsque vous êtes au restaurant et que vous choisissez une pizza, vous passez commande au serveur et savez que vous allez avoir cette 4 fromages qui fait jubiler vos papilles. Vous n'allez pas surveiller derrière les fourneaux pour vérifier auprès du pizzaïolo si la pâte est bien cuite, s'il n'a pas oublié le fromage et bien pensé aux olives noires. Vous demandez et vous recevez ! Ici, même principe, vous demandez une information précise et cessez d'y penser, le *process* est en marche, gardez confiance.

Ce premier état des lieux fait, creusons un peu notre sujet.

Il y a des idées qui nous mettent en pétard, nous incommodent ou nous angoissent, et cela s'avère être très déplaisant. Ce sont là des pensées issues de l'Ego, notre père fouettard intérieur. La voix de la guidance nous apaise, nous met en joie et nous motive, même si l'information reçue nous fait un peu peur de prime abord.

N'oublions pas que nous sommes sur terre pour avancer, nous sommes donc souvent invités à sortir de notre zone de routine.

Personnellement, lorsque je ne sais pas si c'est mon mental qui parle ou ma guidance intérieure, je me pose cette question toute simple : ***Cela répond-il à un choix de cœur ou un choix de peur ?***

Par ailleurs, la guidance de notre ange gardien est toujours répétitive, c'est-à-dire que l'information venue de nulle part (ou presque) revient de temps en temps, identique, la fréquence étant étroitement liée à l'état d'urgence de la situation et à notre envie ardente d'obtenir une solution. Partez du principe que si la même idée revient à 3 reprises (même sous des formes différentes) et qu'elle vous émoustille, souffle un vent de liberté sur votre visage ravi ou vous donne envie de danser le boogie woogie, c'est un message de votre ange.

Dernièrement, j'ai eu l'idée d'organiser un stage en Belgique ! J'aime voyager et je remets toujours le choix des destinations entre les ailes de mes anges, même (et surtout) lorsqu'il s'agit de la mise en place de stages ou autres prestations angéliques. J'ai donc eu l'idée, un beau matin, d'organiser un stage en « co-création angélique » en Belgique ! Etant maintenant habituée à recevoir la guidance, j'ai noté l'idée dans un petit coin de ma tête en attendant le suite. En très peu de temps, deux personnes m'ont parlé de la Belgique, j'ai eu un rendez-vous professionnel avec une dame belge et pour finir, l'une de mes clientes m'a parlé d'un lieu magnifique qu'elle avait découvert sur Bruxelles au sein duquel elle m'avait imaginé organiser un stage. Bah voilà, c'est tout simple en fait ! Y'a plus qu'à et ça... C'est ma part du job !

L'esprit cherche désespérément à forcer le passage quand la guidance elle, est parfaitement fluide !

Enfin, et ce que je m'apprête à vous révéler est de la plus haute importance : le mental s'adresse toujours à nous en « JE » quand la guidance de notre ange gardien nous interpelle en « TU ». Ainsi, il nous sera facile de distinguer d'où vient un « Je suis trop bidon et je ne mérite pas un job épanouissant » d'un « Change de job, tu peux le faire ! »

Votre cahier d'exercice doit vous accompagner quotidiennement, afin de noter les idées répétitives, inspirantes, grisantes ou apaisantes. Cela permet de bien prendre conscience de ce qui est bon pour vous et vous est transmis car, recevoir l'information c'est bien, la mettre en application c'est mieux.

Dans cette lutte acharnée entre l'ego et la guidance de nos Âmes-is de Lumière, qui gagne le plus souvent ?

Cela dépend bien évidemment de la conscience que vous avez de tout cela. Communiquer avec son ange gardien, c'est apprendre à faire un examen attentif de soi-même afin d'acquérir une connaissance parfaite de son fonctionnement intérieur. Ce dernier mis en lumière, nous sommes plus aptes à distinguer une information issue de notre mental de la vraie et tant sollicitée guidance de notre ange. Et hop, nous poursuivons notre chemin en kiffant un peu plus chaque jour !

☆ ☆ ☆

Les différents Chemins subtils ☆☆☆☆☆

Notre ange gardien communique avec nous par le biais de 4 chemins subtils que nous appellerons également des canaux de communication. Ces chemins sont respectivement la clairvoyance, la clairaudience, la clairsentience et la clairconnaissance... Que les choses soient claires entre nous !

Au regard de la croyance populaire (et de l'ego de certains) ces capacités extrasensorielles sont l'apanage de quelques privilégiés appelés voyants ou médiums. En réalité, tout le monde dispose de ces capacités à la naissance car nous sommes tous égaux devant les cadeaux de la Madré. L'injustice est simplement créée par l'Homme… Et son ego… Oui encore et toujours, c'en est presque fatigant, je vous l'accorde ! Il me semble toutefois nécessaire de ne pas perdre cette bombe lacrymogène mentale de vue !

En revanche, nous ne développons pas tous ces capacités à la même fréquence et de la même façon au cours de notre vie terrestre. Bah oui, il parait que nous sommes uniques ! Rappelons que notre incarnation suggère une mission de vie avec des objectifs précis ainsi qu'un contexte clé, nous permettant de répondre à ces objectifs et d'aller vers plus de kifs. Tout le monde n'a pas forcément coché la case « Kiffe ta spiritualité et développe-la bébé ».

Il y a, selon moi, 3 catégories de pépites incarnées. La première catégorie a coché la case et a même décidé d'en faire le sujet principal de cette incarnation : Ce sont les médiums de naissance, ceux qui utilisent leurs capacités extrasensorielles depuis toujours. La deuxième catégorie a également coché la case mais doit dépasser les freins de ses vies passées ou de cette vie-ci (éducation, croyances limitantes, jugements et autres schmilblick sociétal) pour se reconnecter et développer ses capacités extrasensorielles : Ce sont les personnes qui sont intéressées par le sujet mais qui doivent étudier la notice. Rappelons en passant qu'en étudiant n'importe quelle notice, on peut devenir un très bon joueur ! La troisième catégorie n'a pas coché la case et n'y voit aucun intérêt : Ce sont les sceptiques purs et durs, qui ont tendance à nier et rejeter en bloc toute approche spirituelle. Je suis certaine que vous avez des protagonistes de catégorie 3 dans votre entourage (tout le monde en a)... Ne vous laissez donc pas déstabiliser par cette tranche pouvant s'avérer parfois très virulente ! À chacun ses objectifs de vie, à chacun sa case. Restons donc alignés avec nous « m'aime », bienveillants et open ! Namasté, comme diraient certains!

Si vous lisez ces lignes, vous faites très certainement partie de la deuxième catégorie. Soyez les bienvenus !

Nous allons dans ce chapitre, apprendre à nous reconnecter avec nos chemins subtils et à débroussailler le terrain afin de pouvoir avancer pas à pas vers notre ange gardien. Que vous soyez bons ou bidons en lecture de notice, rassurez-vous, il nous est possible de développer ces canaux extrasensoriels avec des exercices spécifiques, encore une fois, accessibles à tous. Nos sens ne demandent qu'à être réveillés et je suis là pour les secouer. Réveiller nos capacités rouillées s'avère être d'une aide énoooooooooorme pour créer sa vie, co-créer avec sa *Light Team* et logiquement kiffer le goût de la facilité! Je le répète mes chères pépites lumineuses, la vie n'est pas censée être un vaste fardeau d'une demie tonne agrémentée de difficultés de CONcessions (il n'y a pas d'erreur de frappe) et de CONtraintes (là non plus). La vie c'est fait pour être connecté à soi m'aime, la vie c'est fait pour être KIFFÉE ! À quoi bon sinon ?

Chacun de nous a un ou deux chemins subtils de prédilection, qui fonctionnent automatiquement sans même y prêter attention. Ce sont nos canaux « phares », sur lesquels nous allons devoir porter une attention particulière car ce sont eux que notre ange gardien va utiliser en priorité pour communiquer avec nous, c'est plus simple !

☆ ☆ ☆

Mes Arts-(mes) Angéliques ☆☆☆☆☆

Ou découvrir son canal de communication…

* Exercice de découverte *

Lorsque vous regardez un film, qu'est ce qui retient votre attention ?

1. Les images, les paysages, le physique des acteurs… etc
2. Les sons et la musique
3. Ce que vous ressentez durant le film, votre feeling intérieur
4. Ce que ce film vous apprend, le message transmis

Vous vous baladez dans la nature, qu'est ce qui retient votre attention ?

1. La beauté du paysage
2. Les bruits environnants (chant des oiseaux… etc)
3. Le bien-être ressenti durant votre balade
4. Ce que vous apprenez sur la nature

Vous rencontrez une nouvelle personne, qu'est ce qui retient votre attention ?

1. Sa tenue vestimentaire, son physique, son look
2. Le son de sa voix, sa manière de s'exprimer
3. Votre ressenti intérieur face à cette personne, vous vous sentez bien en sa présence ou pas
4. Ce qu'elle a, à vous apprendre

Le 1 correspond à la clairvoyance : vous recevez de l'information subtile par le biais de la vue. Observez attentivement votre environnement, ses couleurs, ses formes... etc.

Le 2 Correspond à la clairaudience : en la travaillant, vous pourriez bien entendre ce que votre ange gardien a, à vous dire. Prêtez attention à ce que vous entendez à la radio, aux paroles de chansons, aux discours de vos interlocuteurs.

Le 3 correspond à la clairsentience : les messages subtils se manifestent dans votre corps et votre ressenti. Posez-vous régulièrement la question « comment est-ce que je me sens ? » face à telle ou telle information. Votre ange gardien utilise votre ressenti pour apporter des réponses à vos questions.

Le 4 correspond à la clairconnaissance : certaines informations vous parviennent sans pour autant en connaître la provenance. Les messages arrivent directement dans votre tête, telle une évidence, une conviction ou une idée inspirante. C'est savoir... Sans savoir d'où ça vient !

Une fois votre Art-(me) mise en lumière, il vous suffit d'y prêter une attention particulière et consciente, quotidiennement, car c'est en priorité par ce canal-ci que votre ange gardien rentrera en contact avec vous.

Les 4 chemins sont intéressants à parcourir, je vous conseille toutefois de commencer par votre canal de prédilection, la connexion en sera facilitée. Et puis, prenons confiance « step by step », il ne s'agirait pas de se décourager trop vite !

☆ Déployer sa clairvoyance ☆

Vous êtes une personne plutôt visuelle, vous prêtez de l'importance aux couleurs, formes, aspects et à tout ce qui a trait au sens de la vue. Vous avez de la facilité à visualiser les choses dans votre tête et la visualisation en général est un outil qui vous « parle ». Nous allons simplement apprendre à conscientiser ce que vous voyez car c'est en conscientisant naturellement que votre cerveau pourra réussir à conscientiser ce qui se passe sur les plans subtils. On conscientise beaucoup, je sais, mais là est le secret. De plus, si vous posez une question à votre ange gardien, il y a de fortes chances que la réponse vous parvienne de manière visuelle, pas forcément sous forme de flash-coco, mais comme un panneau publicitaire que vous allez croiser, la plaque d'un spécialiste chez lequel vous allez vous rendre, une info à la télévision ou un personnage dans un film. Les informations peuvent donc arriver sous forme d'images dans votre tête mais aussi par le biais de ce que vous voyez dans votre environnement. Ne négligeons aucune porte, il serait dommage de passer à côté d'une pépite d'information!

« Allô Carole ?! tu vas jamais le croire ! après avoir demandé à mon ange gardien quelle était la destination de mes prochaines vacances pour une totale kiffance, j'ai vu une pub pour Cuba...à deux reprises! j'ai toujours rêvé d'y aller et y'a des super promos en ce moment ! ».

Dans un premier temps, intéressons-nous à la vision interne.

Beaucoup de personnes pensent, à tort, qu'une vision se manifeste de manière plus ou moins évidente : Un Être de lumière ou un proche décédé apparaît là, comme ça, à brûle-pourpoint, au fond du couloir sombre sous nos yeux effrayés...Shinning...Le truc bien flippant ! Les choses ne se passent pas vraiment comme ça et les films d'horreurs made in USA n'ont fait que biaiser l'idée que l'on se fait de la clairvoyance, qui est en réalité beaucoup plus fine.

La vision interne est, comme son nom l'indique... Interne ! Cela veut dire que tout se passe la plupart du temps dans notre tête. Une image, une forme, une couleur ou une photo se dessine au sein même de notre cerveau droit, centre de la créativité et de l'intuition. Ce « flash », comme nous l'appelons, car il s'avère très bref, peut survenir à la suite d'une question, mais peut également arriver à n'importe quel moment. Ainsi, si vous posez une question à votre ange gardien, la réponse vous parviendra peut-être dans les heures ou les jours qui suivent, rien n'est planifié, là haut, y'a pas d'agenda ni d'horloge. Ce délai dépend en grande partie de votre état de réceptivité et de confiance que vous vous donnez quant aux informations reçues. Oui, la confiance, c'est votre part du marché, ne l'oubliez pas ! Cette dernière se gagne avec le temps et l'expérience !

Afin de capter les informations visuelles provenant des plans subtils en général et de notre ange gardien en particulier, nous allons utiliser notre chakra du 3e œil, de son petit nom Ajna. Notre 3e œil, situé entre nos deux sourcils, est la lentille de la clairvoyance ; c'est grâce et à travers lui que nous développons l'accès visuel aux plans supérieurs. Si nos lunettes sont sales, nous ne voyons pas bien le paysage. Il en est de même pour l'Ajna, un Ajna "encrassé" nous empêche de capter les informations envoyées par la Light team.

J'utilise et conseille différents outils au quotidien afin d'ouvrir son 3e œil. Par chance, la nature est généreuse ! Et moi aussi !

* Nettoyer son Ajna *

☆ Demander à l'Archange Raziel de venir purifier le 3e œil. Les archanges sont des Êtres de Lumière ou champs de conscience aux énergies puissantes. L'énergie de Raziel permet l'accès aux mondes subtils en développant la clairvoyance. Demandez-lui le soir avant de vous coucher, il sera aussi efficace qu'un bon M. propre !

☆ Faire une purification de vos chakras en suivant par exemple une méditation guidée.

☆ Utiliser un Lapis-lazuli qui viendra nettoyer la zone du 3e œil en développant l'intuition. Cette pierre est à porter en pendentif ou à placer sous votre oreiller.

☆ Utiliser une Angélite, posée quelques minutes par jour sur votre 3e œil, ce minéral aiguisera votre perception tout en apaisant vos peurs.

☆ Mettre quelques gouttes d'huile essentielle de Pin ou de Bois de santal entre vos sourcils. Ces deux huiles essentielles nettoient notre lentille subtile.

Notre 3e œil nettoyé, nous allons pouvoir commencer notre training subtil !

Il existe différents exercices permettant de développer sa clairvoyance. Nous allons ici procéder simplement et logiquement.

* Mes petits exercices de clairvoyance *

☆ Demandez à votre ange gardien de vous donner l'image qui se trouve à la page 10 de ce livre qui vous " zyeute " dans la bibliothèque, la couleur de la prochaine voiture que vous allez croiser ou le visage de la prochaine personne qui va vous appeler. Ces petits trainings sont simples et ne vous demanderont guère de patience pour en découvrir les résultats. Fermez les yeux et laissez venir les images à vous, sans juger. Ce lâcher prise est souvent difficile au départ car notre ego, lui, veut des résultats, sous peine de nous traiter d'incapable ! L'exercice du non-jugement, vu dans le 2e chapitre, va vous être d'une grande utilité ! Mieux vaut vous prévenir d'entrée, vous allez vous planter, et plus d'une fois ! Paris ne s'est pas construit en un jour et comme tout développement de capacité, cela demande de l'entraînement et de la persévérance. Ne vous découragez donc pas trop vite. Munissez-vous de votre petit cahier en communication angélique et notez-y tout ce qui vous vient à l'esprit.

☆ Lancez la machine : en l'occurrence, faites travailler votre imagination ! Il est important de s'adonner à la visualisation et de laisser son imagination jouer un petit peu quotidiennement. Lorsque nous souhaitons recevoir des images par clairvoyance, nous devons faire tourner la bobine. Je vous invite donc à imaginer toutes sortes de choses dans votre tête, formidables et positives, cela va s'en dire. Jérémie m'envoie l'image d'un enfant que l'on pousse sur son vélo pour lui donner l'élan de pédaler tout seul. Ici, même principe, prenez le temps de rêver et de visualiser pour lancer le mécanisme et recevoir plus facilement des images par clairvoyance.

La vision interne n'utilise pas les mêmes codes que la vision externe. Nous nous attendons souvent à voir « comme dans la vraie vie » ou comme nous pourrions le faire par le biais de nos yeux physiques ! Notre oeil subtil ne décode pas les informations de la même manière, d'où son caractère subtil ! Du coup, et pour vous donner un exemple, si Jérémie souhaitait me faire passer l'info d'aller en Belgique (comme vu ci-dessus) par le biais de mon troisième oeil, il pourrait me montrer des frites ou le Manneken-pis ! C'est ensuite à moi de « voir » intuitivement comment ces informations résonnent en moi ! Si vous vous attendez à voir « Va à Bruxelles faire un stage » écrit en 3D dans la cafetière, vous risquez d'être fort déçus ! Nous assistons parfois à de véritables jeux de pistes célestes et plus nous pratiquons, plus nous décodons « finger in the nose » les indices !

De plus, le verbe « voir » est en lui même tronqué car on ne voit pas avec le 3ème oeil de la même manière que l'on voit avec nos yeux physiques ! Prenons une exemple... Attrapez un stylo et regardez-le (je suis sérieuse). Maintenant, fermez les yeux et imaginez le stylo dans votre tête... Nous sommes bien d'accord qu'il n'apparait pas sur votre écran mental de la même manière que quand vous avez les yeux ouverts, n'est-ce pas ?! Et bien la clairvoyance c'est ça, c'est cette vision là !

La vision externe concerne tout ce que nous pouvons voir dans notre environnement. Notre ange gardien utilise toujours le meilleur procédé qui soit afin de communiquer avec nous, et notre environnement s'avère être un très bon terrain de jeu pour nous envoyer des informations. Tout est là, devant nous. Paradoxalement, il nous est souvent difficile de faire confiance aux messages reçus par le biais d'une affiche, d'une pub ou d'une publication partagée sur les réseaux sociaux car cela nous semble trop « gros » ou trop « simple » . Enfin, cela semble trop « gros » ou trop « simple » à notre ego qui ne peut s'empêcher de ramener sa fraise et de ponctuer toute info visuelle évidente d'un « C'est très certainement un hasard » ou « Tu te plantes Nadine, comme si c'était possible ! ». Sacré lui ! Si ce que vous recevez fait écho en vous, c'est de la guidance ! Point-trait.

Je vous demanderai donc ici de lâcher prise et de simplement constater par écrit les différents éléments que vous allez rencontrer dans votre environnement afin que votre ego ne tire pas de conclusions hâtives. On commence toujours par une question, une seule, afin de ne point s'emmêler les pinceaux, jeunes artistes.

Puis, observez consciemment ce que vous voyez au cours de la journée et notez dans votre cahier (en fin de livre, je vous le rappelle) toutes les petites choses en rapport avec votre question, sans juger.

Nous pouvons donc utiliser la vue physique et la vue spirituelle pour développer notre clairvoyance. Commencez par le chemin qui vous parle le plus en cet instant.

Grâce à la clairvoyance, vous pourrez rentrer beaucoup plus facilement en contact avec votre ange gardien et ses réponses paraîtront de plus en plus claires au fil de vos expérimentations. Patience et rigueur dans l'entrainement sont de mises! Le flop du flop, c'est de s'imaginer que tout vient comme par magie en se roulant les pouces et mangeant un beignets bien gras pendant qu'on visualise 2-3 trucs sympatoches ! Restons lucides, toute capacité développée demande un peu d'entrainement hein ?!

☆ Éveiller sa Clairaudience ☆

La clairaudience est la capacité d'entendre à l'extérieur ou à l'intérieur de soi une voix! Tout comme la lumière crée des images et émet des vibrations, nous permettant de voir ce qui se passe sur les différents plans, le son, lui, nous permet d'entendre et de capter des informations sonores. Une personne clairaudiente est sensible à la musique, qui fait « viber » son âme. Elle a régulièrement des airs en tête, aime parler et ne supporte généralement pas le bruit, qui l'incommode.

Une fois de plus, je crois très sincèrement que le sens premier que nous accordons au verbe « entendre » est un frein réel à la réception de la clairaudience. Lorsque l'on parle de clairaudience, on a tendance à s'imaginer qu'une voix désincarnée (en mode Marge simpson) nous tape causette, comme le ferait notre voisine Coco lorsque nous sortons les poubelles. La clairaudience est beaucoup plus subtile que cela. Afin de bien comprendre comment se manifeste cette corde, voici quelques petits exemples. Ouais je sais, je suis sympa !

Il vous est peut-être déjà arrivé de rencontrer les situations suivantes :

☆ Vous écoutez la radio et contre toute attente les paroles d'une chanson de Christophe Maé (oui oui, vous avez bien lu) semblent charger votre pile intérieure ! Et oui, même Christophe peut être le canal de votre ange gardien… « humhumhum…il y a des jours où je me lâche et j'envoie tout foutre en l'air…humhumhum »

☆ Vous êtes au volant de votre Punto et une voix interne vous empresse de tourner à gauche, sans trop savoir pourquoi… C'est plus fort que vous, vous bifurquez !

☆ Vous surprenez une conversation qui vous donne la réponse à une question existentielle qui vous préoccupait depuis 3 jours!

☆ Une petite voix à l'intérieur de vous, vous aide à prendre une décision: « Vas-y, lance-toi, tu peux le faire ! »

À partir du moment où vous conscientisez les informations auditives qui vous sont envoyées, via le monde matériel ou dans votre tête, vous faites l'expérience de la clairaudience ! Oui oui oui !

L'un des points les plus compliqués, je vous l'accorde, est de réussir à faire la différence entre la voix de la guidance et celle nos propres pensées, issues du mental et de l'ego.

Trop souvent, quand la voix de la guidance nous chuchote « Rentre dans cette boutique », celle de l'ego s'empare du micro : « Non, c'est beaucoup trop cher, j'ai pas les moyens ! ». L'ego prend le dessus, habitué à être sur le devant de la scène, et flagelle les infos divines reçues. Pour faire ce constat, nous devons commencer par nous écouter, en toute conscience, afin de percevoir les subtilités de nos fonctionnements humains et ainsi les transcender. You can do it baby ! Puis bon, on teste n'est-ce-pas ?! Parfois (souvent ? toujours ?), il faut expérimenter pour trouver ses réponses et non attendre les réponses pour expérimenter ! Ah, je vous invite à méditer quelques instants sur cette dernière phrase qui est loin d'être inconsistante sur le plan spirituel !

« De la matière les amis, de la matière ! Vous êtes sur Terre pour expérimenter, pour agir, pour faire et non pour réfléchir de trop, tourner en boucle et finalement vous laisser stopper dans vos élans premiers ! La plupart de vos réponses se trouvent dans l'expérimentation alors plutôt que d'avoir peur, allez-y, faites vibrer la substance et trouvez ainsi les réponses tant cherchées! La connaissance nait de l'expérience ! » - Intervention Angélique

Ceci étant dit, si la nuance vous semble trop floue, Je vous vous propose de relire le chapitre « Qui me parle ? Ma tête ou mon ange gardien ? ». Ici, je vais éviter de trop me répéter, même si je sais que de la répétition nait l'automatisation, j'ai toujours trouvé ça pénible dans un livre !

Au-delà de l'ego à son état brut, j'ai également constaté que la peur représente un frein non négligeable à la réception de l'information. La plupart du temps, lorsque nous posons une question à notre ange gardien, nous ne souhaitons pas réellement entendre la réponse, surtout si cette dernière diffère de nos attentes premières, tourneboulements assurés ! En d'autres termes, nous voulons savoir, mais uniquement si les réponses vont dans notre sens. Cette peur du big-bang émotionnel est une facette de l'ego, une de plus, qui cherche à nous protéger et qui n'aime pas que ses petites habitudes soient perturbées. Il est donc important de bien expliquer à son ego que toutes révélations apportées par les plans supérieurs n'arrivent jamais seules. Notre ange gardien ne nous laisse pas dans la mouise d'une révélation détonante, il met simplement en lumière ce que notre cœur sait déjà. Bah oui, notre coeur sait tout bichette ! Il nous souffle ainsi ce qui est bon pour nous et nous aide à franchir les différentes étapes pour y parvenir, avec confiance. Le fil conducteur reste toujours le même : Créer l'alignement en nous, mettre en lumière nos besoins profonds, donner du sens à notre existence et ainsi, kiffer sa vie!

C'est exactement ce qu'il s'est passé pour moi à une époque clé de la mienne. Allez, on rentre dans l'intime mais s'il vous plait, ne sortez pas les mouchoirs !

Replaçons le contexte : En 2015, mon compagnon et moi décidions de mettre les voiles au Maroc afin d'y « construire notre petit paradis de Bonheur » ! Alors ça, c'était la version officielle, celle que l'on donne à tout le monde et celle que l'on tente aveuglément d'infuser pour se donner bonne conscience et fantasmer sur « l'espoir fait vivre » ! En réalité, c'était la dernière carte que notre duo s'apprêtait à jouer ! Je ne m'épanouissais plus dans ma relation de couple mais tout me paraissait très compliqué. J'avais de l'affection pour mon compagnon (évidemment) nous avions des projets professionnels en commun (histoire d'en rajouter une couche) et clou du clou, nous étions donc partis nous installer à l'étranger (Bah oui, pourquoi faire simple quand on peut faire compliqué !). La galère quoi…Help, help…La confusion en moi était telle que le pétage de plomb avançait toute blinde dans mon champ de vision ! Je me sentais totalement perdue : Concrètement…Est-ce que je devais rester et attendre des lendemains plus heureux ? Est-ce que je devais partir, tout déconstruire et voler vers l'inconnu ? La solution était en moi mais de toute évidence j'avais besoin de Jérémie, mon ange gardien, pour la mettre en lumière ! Alors je demandais...Et Jérémie me faisait comprendre par différents biais que cette relation était devenue stérile, que je devais plier bagage pour avancer sur mon chemin de vie. Une voix criait au fond de moi: " Casse tooooooiiiii Mary, casse tooooooiiiiiiii ! ". Ah merde, j'aurais préféré l'option A, celle où tout allait s'arranger, c'était plus simple ! Mais plus je lui demandais des confirmations à cette répétitive question et plus le malaise s'installait en moi, un malaise accompagné d'une petite voix immuable qui grossissait au fil des jours, créant une véritable gastro intérieure ! Oui ok, si j'étais honnête avec moi-même et si j'écoutais vraiment mon coeur, je savais qu'il avait raison...Mais cela ne dissipait pas mes peurs face à l'avenir: Comment faire ? Comment trouver la force de tourner cette page ? Pour aller où et faire quoi ? Mon ego commençait à me taquiner ou plus bêtement, à me stresser, me jeter la pierre et m'accabler.

En demandant à Jérémie de me guider dans chaque étape du chemin, ce dernier est devenu plus clair au fil des semaines. J'ai ainsi trouvé la force et la confiance nécessaire pour terminer cette relation et commencer une nouvelle vie qui, je dois bien l'avouer, me colle parfaitement à la peau. J'ai été guidée et je me sens depuis parfaitement épanouie ! Ola du coeur, envoyez les castagnettes !

Ne laissez pas la peur prendre le dessus sur la guidance de votre ange gardien. La peur est une illusion, un fantasme de l'ego et n'a souvent aucune raison d'être. Lorsque vous écoutez la voix de la guidance et faites des choix connectés, vous êtes assurés d'être soutenus et vous poussez ainsi la porte de tous les possibles.

Tout comme la clairvoyance, la clairaudience peut se manifester à l'intérieur de nous ou à l'extérieur, par le biais de notre environnement. Afin de devenir plus conscients des messages internes transmis par notre ange gardien, nous allons dans un premier temps activer nos centres énergétiques relatifs à l'audition.

Il existe 2 chakras secondaires au niveau des oreilles qui, comme l'Ajna, demandent à être nettoyés. À vos subtils cotons-tiges !

* Nettoyer ses chakras secondaires *

- ☆ Faire une méditation de purification de vos chakras en imaginant une lumière violette, ultra-nettoyante, pénétrer dans vos conduits auditifs pour faire le grand ménage.
- ☆ Porter un cristal de roche

Vos Arts-(mes) subtiles nettoyées, nous allons maintenant travailler au développement de la clairaudience ! Voici un petit training tout simple, c'est cadeau !

* Mes petits exercices de clairaudience *

☆ Écoutez de la musique : La musique stimule nos chakras de l'audition. Ainsi, des études ont prouvé que nous devenons plus réceptifs lorsque nous écoutons de la musique classique ou de la musique douce.

☆ Méditez en portant votre attention sur les bruits intérieurs (battements de cœur, respiration) et extérieurs. Cela aiguise le sens de l'ouïe, on devient ainsi plus conscient de ce qui se passe dans notre environnement.

☆ Conscientisez les « signes auditifs » : Lorsque vous posez une question à votre ange gardien, notez sur votre petit cahier ce que vous entendez et qui « résonne » en vous. La guidance est toujours répétitive, elle ne change pas d'avis. Notez ainsi les répétitions auditives observées au cours de la journée afin d'en prendre pleinement conscience.

Il est important d'accorder une attention particulière aux bruits de fond qui meublent notre environnement matériel. Avez-vous remarqué que les chansons que nous écoutons ou fredonnons sont souvent liées à notre état d'esprit ? Elles sont une mine d'informations!

Notre environnement sonore est riche d'informations et nous obtenons de nombreuses réponses à nos questions si nous prêtons une attention particulière aux bruits en tout genre, paroles, sons et chansons que nous entendons quotidiennement. Je ne vais pas vous resservir mon laïus sur la conscientisation car, bons élèves que vous êtes, vous avez maintenant compris son importance.

Je vous invite à poser une question à votre ange gardien et à noter en fin d'ouvrage toutes les informations sonores qui vous font « tilt » dans les heures et jours à venir.

Soyez donc attentifs à vos échanges avec le monde extérieur. Les réponses peuvent débouler par le conseil bienveillant d'un ami, LA phrase que vous aviez besoin d'entendre, un prénom crié au coin d'une rue ou le compliment d'un proche. Certains mots font écho, certaines phrases viennent nous interpeller pour nous amener vers un bien-être. Ce sont des signes de notre ange gardien.

« Allo Francine ?! Tu devineras jamais ! j'ai demandé à mon ange gardien si Maurice est un homme bien pour moi et en allumant ma radio, j'ai entendu : « Gilette, la perfection au masculiiiiin » suivi de : « PMU, on parie que vous allez gagner », j'crois bien que j'ai ma réponse ! »

Ne doutez jamais de leur créativité, ni de leur humour !

En conscientisant ce qui se passe à l'extérieur, vous ouvrez une porte et serez ainsi plus apte à entendre la voix de votre ange gardien.

Comme je le dis souvent, pour développer sa clairaudience, il faut se nettoyer les oreilles et écouter... Là est le secret !

☆ Cultiver sa Clairsentience ☆

Ce chemin subtil concerne les personnes qui sentent et ressentent les choses, les gens et les lieux. Ces personnes sont sensibles à l'environnement, l'atmosphère ambiante et ont tendance à somatiser (genre: une situation me reste en travers:...OMG une angine s'en suit !). Les personnes clairsentientes captent les informations des plans subtils par le biais de leur véhicule terrestre, j'ai nommé LE CORPS ! Ventre ballonné, maux de tête, joie intérieure, diarrhée chronique, sensation d'oppression, de froid ou de chaud, autant d'indicateurs corporels sont en jeu dans la clairsentience que de cellules nous avons dans le corps.

Nous « sentons » tous les gens ou les situations à des niveaux différents mais, la principale difficulté de ce canal de communication réside dans le fait d'écouter, encore une fois. La plupart des sociétés occidentales ne nous apprennent pas à écouter notre corps et ses émotions. Il est d'ailleurs de bonne éducation de réprimer une colère plutôt que de l'exprimer, c'est bien connu. De nombreuses croyances *à la con* tournent autour du ressenti : « Ne t'écoute pas, continue d'avancer », « La colère c'est mal », « Les émotions font souffrir ». Tous ces préjugés nous coupent de notre corps et je vais donc m'appliquer à désacraliser ces théories fossiles car les émotions sont en réalité une boussole formidable. Jérémie m'envoie une image à ce sujet : Écouter son corps, c'est comme suivre les balisages blanc et rouge d'un GR , nous sommes certains d'arriver à destination. Si en revanche nous les négligeons, nous allons indéniablement faire de longs détours, nous perdre et peut-être même nous décourager. Notre corps nous parle et en prenant le temps de l'écouter, nous nous offrons le luxe du choix conscient et des solutions connectées.

La clairsentience peut ainsi prendre différentes formes, que j'ai eu l'occasion d'expérimenter dans bien des situations :

☆ Muscles tendus ou mâchoire crispée : Ce n'est pas très bon signe. Quand cela se produit, je sais que mon ange gardien me dit « Sors vite de cette situation ma biche ! »

☆ Maux de tête qui m'indiquent que je réfléchis trop et que je dois offrir un break à mes pensées, aller plus dans la matière, m'enraciner !

☆ Sentiment de joie intense, venant de nulle part et annonciateur de bonne nouvelle

☆ Paix intérieure qui me dit : « Tout va bien se passer »

☆ Angoisse intérieure qui au contraire me clame : « Tu n'es pas au bon endroit ou avec les bonnes personnes »

☆ Sentiment intuitif qui me pousse à agir de telle ou telle manière

☆ Changement de température : par exemple, si je suis en présence d'une personne et que la température perd quelques degrés, je sais que cette personne n'est pas très saine ou que ses pensées sont « négatives »

☆ Sentir ou vivre l'émotion d'une autre personne, dans la joie, comme dans les épreuves.

☆ Température qui augmente lorsque les anges sont près de moi, ou qui baisse lorsque c'est une personne décédée.

☆ Frissons dans tout le corps lorsque les anges valident une pensée ou un choix.

Vous comprenez dès lors l'importance « d'écouter son corps », tel un outil fiable et puissant. Le corps ne ment jamais, soyez-en sûrs.

Le siège de la clairsentience se trouve au niveau du cœur, son berceau. Je remarque que les personnes qui ont le cœur fermé, et ce, en grande partie pour se protéger, ont beaucoup de difficultés à « sentir » ce qui se passe dans leur corps et donc à suivre la guidance de leur ange gardien par ce biais là. À contrario, les personnes qui ont un cœur ouvert, conscientisent beaucoup plus les messages que leur corps leur transmet.

Jérémie m'a très clairement envoyé un message à ce sujet, que je souhaite vous partager :

« L'ouverture du cœur fait peur. Votre société vous apprend à vous protéger, à mettre une armure autour de votre cœur vous donnant ainsi l'illusion d'être plus forts. Cette carapace vous coupe de votre essence véritable et ne vous protège en rien. Bien au contraire, cette carapace vous maintient dans l'ego et vous pousse à faire des choix aléatoires et non connectés. En ouvrant votre cœur, vous vous reconnectez à vous-mêmes et ainsi à nous. Vous recevez pleinement notre guidance et êtes en mesure de faire des choix conscients, des choix d'amour, des choix qui sont bons pour vous. Vous devenez ainsi plus fort ».

Voilà qui est dit.

Nous allons donc dans un premier temps nettoyer notre chakra du cœur, du nom sanskrit Anahata (culture oblige), outil phare de la clairsentience.

* Nettoyer Anahata *

☆ Faire une purification des chakras en imaginant de la lumière verte rentrer dans votre chakra du cœur. Demandez aux anges de guérison de venir libérer votre cœur de ses maux et le purifier, afin de devenir plus réceptif à la guidance.

☆ Porter un Quartz rose ou méditer avec, en le posant sur votre chakra du cœur ou le soir sous votre oreiller

☆ Masser votre cœur avec de l'huile essentielle de rose

Notre cœur purifié, nous allons pouvoir poursuivre avec notre fameux et très attendu training sensoriel.

Lorsque vous êtes une personne clairsentiente, votre ange gardien va utiliser votre corps, par le biais de vos émotions et de vos ressentis, pour vous faire passer ses messages. Ainsi, lorsque vous posez une question à votre ange gardien, faites attention à vos sensations et aux signes que vous envoie votre corps. Il est important de prendre conscience de votre outil et de l'écouter. Cela va s'en dire, je vous ai quelque peu mâché le travail, afin de vous aider dans cette nouvelle forme d'écoute.

* Mes petits exercices de clairsentience *

☆ Demandez-vous régulièrement : ***« Comment est-ce que je me sens ? »*** et mettre un adjectif sur votre ressenti. Nous éprouvons bien souvent quelques difficultés à mettre des mots sur ce qui se passe en nous. Mettre des mots, c'est conscientiser et devenir ainsi plus alerte. Notez régulièrement vos ressentis dans votre cahier de communication angélique, afin de vous aider dans cette démarche.

☆ Méditez en écoutant votre corps : Fermez les yeux et observez votre corps dans ses moindres détails. Comment vous sentez-vous ? Avez-vous des tensions ? Où se situent-elles ? Que souhaitent-elles vous révéler ? Écoutez tout simplement ce que votre corps a, à vous dire et prenez soin de noter ces précieuses informations dans votre cahier.

☆ Connectez les cases : C'est ce que j'aime appeler des mots sur les maux. Sans rentrer dans un narcissisme sensoriel, observez vos différents états, comme le ferait un bon détective et faites des liens avec les situations que vous vivez, les personnes que vous côtoyez ou les choix que vous faites. Notez dans votre cahier ces liens et remarquez les répétitions. Ex: « Je me sens/je vis...*Mettez des mots*... Quand je suis avec telle personne ou à tel endroit » .

☆ Développez votre empathie : L'empathie désigne la compréhension des émotions et des sentiments d'une autre personne, en fonction de son vécu et de ses croyances. D'un côté, nous avons le chemin de l'ego (encore, toujours) qui adore juger Thérèse et sa coupe de cheveux « has been », et de l'autre, celui du cœur, qui va plus dans une compréhension de Thérèse, sans jugement. Car Thérèse, elle se sent bien avec cette coupe de cheveux, elle se trouve jolie et c'est ça qui compte ! L'empathie offre la compréhension d'autrui, nous permettant de ce fait d'être plus réceptif aux informations transmises par clairsentience.

Lorsque nous apprenons à envoyer valser nos idées parasites, notre ange gardien peut nous envoyer clairement tout type de ressenti. Demandez-lui de vous montrer sa présence et ressentez-le, tout simplement. Calme, amour ou forte énergie grandiront en vous, presque instantanément, soyez-en sûrs !

Pour ma part, Jérémie me montre sa présence en traversant énergétiquement mon corps. C'est notre petit truc à nous. J'appelle cela le signal angélique ! Lorsque je suis dans la bonne direction par exemple, le signal est envoyé et active la fonction « plein gaz » chez moi. En revanche, si je fais un choix non bénéfique pour moi, je suis comme dépossédée de mon énergie, totalement fatiguée. Notre corps est un traducteur angélique, ne l'oubliez pas !

Si vous avez un choix à faire, demandez les conseils avisés de votre ange gardien afin qu'il vous guide puis, envisagez les différentes options. Laquelle de ces options vous apporte le plus de réconfort ?

« Allo Josiane ?! quand je pense à ce nouveau poste que ma direction me propose, j'ai remarqué que je n'arrêtais pas de bailler... Je crois bien que c'est une mise au placard, je vais refuser ! »

Posez des questions à votre ange gardien et laissez-vous guider par votre ressenti, sans chichi. La clairsentience permet d'atteindre de hauts sommets de connexion car notre corps devient une grande carte où chaque destination et chaque voyage prennent tout leur sens. Je vous invite donc à investir en votre propre boussole, dès à présent !

Que les sensations vécues soient agréables ou pas, elles ne mentent jamais ! Votre corps est l'outil le plus juste et le plus fiable qui soit alors n'ayez surtout pas peur de l'écouter ! Si vous n'êtes pas sûrs de la signification d'une information reçue par le biais de votre corps, demandez des confirmations, demandez à y voir plus clair et faites preuve de compassion envers vous mêmes ! Everybody needs time !

Pour ma part, la clairsentience m'est très précieuse au quotidien car, dans toute décision à prendre, j'écoute ce que mon corps a, à me dire sur le sujet ! Ainsi, je peux rester dans les clous de ma *kiff-attitude* , la destination est programmée sur mon GPS interne et dés que je sors de la route...Mon corps me le fait bien savoir!

☆ Aiguiser sa Clairconnaissance ☆

La clairconnaissance est sûrement l'une des capacités extrasensorielles les moins connues du "grand public". Il est vrai qu'on n'en parle pas beaucoup, ou du moins, on ne met pas instinctivement de nom sur ce "phénomène". Mais sachez que cette capacité est toute aussi grisante que ses petites sœurs subtiles. Les personnes parcourant le chemin de la clairconnaissance sont généralement cérébrales, elles réfléchissent beaucoup, aiment philosopher autour d'un verre (de vin?) et font preuve de curiosité. Je me suis rendue compte, au fils des années, que c'était l'un de mes canaux de communication privilégié et l'apprivoiser s'avère être d'une très grande aide.

La clairconnaissance est le fait de recevoir de l'information venant de son ange gardien et autres plans subtils, sous forme d'idées, de pensées ou d'inspirations profondes. Cette information pénètre notre champ de conscience sans que nous puissions la voir, l'entendre ou la sentir.

Pour la faire courte, c'est savoir, sans savoir d'où ça vient ! Besoin d'exemples ? Ça tombe bien, Marinette en a toujours sous le pied :

☆ Vous avez une révélation : d'un coup d'un seul, vous prenez conscience d'un état ou de la solution à un problème. Ça vous tombe dessus, sans prévenir ; la lumière s'allume et tout devient très clair en vous. Image associée? Les ravis de la crèche!

☆ Vous avez une intuition forte sur un événement et son dénouement, ainsi, cela vous permet d'agir de manière à ce que tout se passe pour le mieux. Instinctivement, vous savez !

☆ Vous avec des prédispositions à connaître l'avenir : Lorsqu'on vous présente une situation ou une problématique, vous connaissez son déroulement

☆ Vous avez des connaissances venant de nulle part sur un sujet ou un objet : vous êtes par exemple capable de monter un meuble Ikea sans notice, et ça, c'est franchement pas donné à tout le monde ! Notre mental aura tendance à appeler cela le bon sens ou la logique, mais en réalité, c'est de la clairconnaissance !

☆ Vous avez des airs d'Einstein ou d'Hermès : vous concevez et/ou élaborez un concept, une doctrine ou une invention qui facilite la vie dans le monde terrestre.

La clairconnaissance est la capacité extrasensorielle envers laquelle nous accordons le moins de confiance, tout simplement parce que tout se passe dans notre tête et qu'il nous est difficile de faire la différence entre la voix de l'inspiration et celle de l'ego (ça faisait longtemps !). Cependant, en travaillant le non-jugement de nos pensées et en libérant notre esprit de toute pollution mentale, la clairconnaissance se développe, devenant un allié précieux. Suivre sa clairconnaissance c'est comme suivre le chemin le plus court pour arriver à une destination. Là où le mental cherche, bute, cherche encore, suppose, avance, recule et râle beaucoup, l'information transmise par clairconnaissance elle, est fluide et légère, comme une évidence. Le petit nuage de lait dans votre thé ! Elle nous permet donc de communiquer avec notre ange gardien aisément (enfin, avec un peu de pratique, soyons honnêtes !) Hercule lui-même a dû faire preuve de persévérance pour réaliser ses douze travaux... Ne lâchons pas le fil.

La clairconnaissance est liée au chakra de la couronne, de son nom Sahasrara, et il se situe au sommet du crâne. C'est la porte d'entrée de nos liaisons à la source. Il est donc recommandé, dans un premier temps, de nettoyer devant notre porte.

* Nettoyer Sahasrara *

☆ Faire une méditation en imaginant un rayon de lumière violette pénétrer le haut de votre crâne et traverser votre corps.

☆ Porter une Améthyste. Cette pierre nous libère des pensées parasites et nous permet d'ouvrir notre canal

☆ Utiliser de l'huile essentielle d'Encens. L'encens nous accompagne dans notre quête de spiritualité et nous aide au recueillement lorsque nous méditons. Vous pouvez y déposer quelques gouttes dans un diffuseur ou simplement une goutte au sommet de votre tête.

La méditation est un très bon créneau pour développer la clairconnaissance car elle permet de se libérer de toutes idées parasites. Nous en avons déjà parlé et je ne saurais vous répéter que méditer est la base de la base: Il n'y a pas de bonne connexion sans méditation ! Lorsque notre esprit est clair, il est beaucoup plus facile de différencier les informations provenant de la guidance divine des informations fabriquées par notre mental.

Au jour le jour, entraînez-vous. Posez une question à votre ange gardien et faites votre vie, en étant persuadé d'obtenir une réponse. La réponse peut arriver dans les minutes ou les heures qui suivent, il est donc inutile de se mettre la pression quand il s'agit de clairconnaissance. Cette réponse se présentera sous forme de certitude ou d'évidence, procurant sérénité, joie et bien-être, ou telle une révélation : la lumière s'allume et tout devient très clair.

Je vais vous compter un petit rituel de clairconnaissance, relativement courant chez moi.

Lorsque je souhaite écrire un article pour mon blog, parfois j'ai le thème et parfois, je ne l'ai pas. Je demande alors à Jérémie de bien vouloir éclairer ma conscience sur le sujet : « Jérémie, nous sommes mardi et je dois écrire un article pour jeudi, peux-tu m'envoyer le bon sujet ? » Puis, je cesse de chercher avec mon mental, je lui fais confiance. Dans la journée, je reçois l'information, souvent par clairconnaissance. Cette information arrive comme une certitude et crée une très grande joie chez moi. Puis, vient le moment où il faut l'écrire cet article. J'attends le top départ céleste et je poursuis mes activités. Je sais intérieurement qu'il me sera donné avant jeudi, la dead line. Lorsque ce dernier arrive, cela se fait toujours de la même manière ; J'entends dans ma tête, grâce à la clairaudience, « C'est maintenant ! ». J'écris alors en 30 minutes ce que j'aurais pu mettre 3 heures à coucher en forçant avec mon mental. L'article m'est dicté et mon stylo glisse plus vite que mes pensées.

Seul « Hic », c'est que le top départ angélique peut arriver n'importe quand... Je rallume souvent la lumière en pleine nuit ou sors mon stylo alors que je compte me relaxer devant une série, faire du sport ou passer un coup de fil. La guidance arrive toujours, oui, mais on ne sait jamais quand, et lorsque nous parvenons à l'entendre, nous devons l'écouter et ne pas céder aux supplications de notre mental qui nous dit : « Mais non, pas maintenant, on serait bien mieux sous une bonne couette à regarder une connerie à la télévision ! »

Nous sommes tous connectés à la source et pouvons ainsi recevoir des informations du plus haut degré de connaissance. Notre ange gardien en permet la connexion, la mise en lumière. Faire appel à lui revient à allumer la petite torche... Ainsi, on ouvre les yeux et tout devient évident, ni plus ni moins.

Il n'existe pas de recette magique pour développer sa clairconnaissance, je l'expérimente encore à l'heure actuelle et plus le temps passe, plus je la discerne clairement. Mais avant cela, je me suis plantée plus d'une fois ! Ce chemin subtil demande vraiment à être expérimenté et testé au quotidien afin de bien différencier la voix de notre ange gardien, de celle de nos pensées. Le discernement se crée peu à peu, on gagne ainsi en confiance et en réceptivité, cela va de pair.

Je vous ai bien évidemment concocté un petit training subtil afin de développer notre sujet. La clairconnaissance étant l'apanage des gens qui réfléchissent beaucoup, nous allons utiliser comme matière la pensée afin de discerner ce qui est connecté et ce qui ne l'est pas.

Bons élèves que nous sommes, nous prendrons des notes dans notre cahier afin de constater des résultats.

* Mes petits exercices de clairconnaissance *

☆ Une idée vous traverse l'esprit et vous semble bonne. Que se passe-t-il en vous ? Est-ce une évidence ? Vous apporte-t-elle de la joie ? Du soulagement ? Si c'est le cas, suivez là et observez le résultat ! Est-il concluant ?

☆ Vous sentez certaines choses et avez une idée claire sur le déroulement d'une histoire ? Notez cela dans votre cahier et ressortez-le ultérieurement pour vérifier l'exactitude, ou pas, de votre idée.

☆ Vous pensez savoir résoudre un problème ou réparer un objet ? Lancez-vous, faites-le et découvrez ainsi si c'est vraiment le cas

☆ Vous recevez une information répétitive vous invitant à prendre une direction ? Boire une tisane dans le salon de thé du coin ? Appeler votre meilleure amie ? Faites-le et conscientisez ce que vous avez reçu en procédant ainsi !

La clairconnaissance n'est selon moi qu'expérimentation. La confiance se gagne dans le passage à l'action, peu importe le domaine d'activité. Il est donc nécessaire de se tester régulièrement. N'oubliez pas, la vie est un grand jeu. et derrière l'idée se cache toujours le « Y'a plus qu'à ».

À l'heure actuelle, j'obtiens de nombreuses informations des énergies angéliques par le biais de ce canal, les réponses arrivent presque automatiquement et son très appuyées. Je ne doute plus car j'en ai tout simplement fait l'expérience consciente à plusieurs reprises.

☆ ☆ ☆

Non mais allô quoi, t'as pas de réseau ?

☆☆☆☆☆

Lorsque nous nous adressons à notre ange gardien, les ondes peuvent rapidement être brouillées, comme lorsque nous nous retrouvons dans une zone dépourvue de réseau et qu'il nous est impossible d'utiliser notre téléphone. Seul le mode « Urgence » est activé, valable également sur les plans subtils !

Notre ange gardien n'est en rien responsable de cette défaillance technico-subtile car rappelons-le, il ne cherche qu'à établir une connexion claire et compréhensible avec nous. Nous en sommes donc les auteurs présumés, bien souvent malgré nous, je vous l'accorde.

Ces blocages énergétiques, pareils aux nœuds que nous faisons pour lacer nos chaussures, ont deux types de provenances relatifs à la condition humaine : Une provenance interne, que nous appelons mental et émotions, et une provenance externe, directement en lien avec notre hygiène de vie.

Attisant inéluctablement votre curiosité, je me dois d'être un peu plus concise à ces propos.

Notre mental nous est utile en différentes occasions, il est notre force analytique vaquant au gré de nos expériences de vie. Toutefois, lorsque nous nous intéressons à la communication angélique, il devient totalement stérile, pareil à un nœud d'amarrage. De ce mental aux airs marins, découle l'ego qui rappelons-le, joue les « Père Fouettard » intérieur, mais pas seulement.

Voici quelques notions relatives à la théorie du « Brouille et J't'embrouille » que j'ai pu déceler tout au long de ma quête en communication angélique.

Lorsque nous posons une question à notre ange gardien, nous développons presque systématiquement des attentes. Cela semble tout à fait normal ; nous posons une question et attendons la réponse. Il existe cependant une frontière relativement mince entre attendre dans la confiance et attendre avec résistance. Lorsque j'attends dans la confiance, je suis persuadé d'avoir une réponse, j'en oublie donc même ma demande et vaque à mes occupations habituelles. Pour reprendre notre exemple de pizza (chapitre : Qui me parle ? Ma tête ou mon ange gardien ?) qui est simple et explicite, je commande ma pizza au serveur du restaurant et je poursuis ma discussion avec la personne qui se trouve en face de moi. J'oublie le fait d'avoir commandé et ma pizza m'est servie peu de temps après. Lorsque j'attends avec résistance, cela revient à passer commande au serveur et à stopper toute autre activité jusqu'à ce que la pizza me soit servie, en mode « j'ai la dalle », comme-si le fait d'y penser sans cesse allait la faire arriver plus vite. Cernez-vous la différence ?

Avoir des attentes, c'est alimenter le doute et la peur de ne pas obtenir. En ce sens, les attentes bloqueront toute réception. Si, lors de votre demande, vous stressez à l'idée de ne pas recevoir, vous rentrez dans la théorie du « Brouille et J'tembrouille ». Faites en sorte de lâcher prise, votre ange gardien sert tout aussi bien que Gino le pizzaïolo !!

Les émotions négatives telles que la tristesse, la colère, le ressentiment ou le stress, paralysent la communication angélique. Lorsque nous vivons l'une de ces émotions, nous nous enfermons dans une grotte, en l'occurrence, la nôtre. Il nous est d'ailleurs difficile de trouver des solutions et de rester cohérents lorsque nous explosons de colère ou nous écroulons de tristesse. Nous nous sentons comme submergés par un tsunami émotionnel (pourquoi mOOOooiiiiiii ???) et rares sont les gilets de sauvetage fonctionnels en temps de crise. Les émotions négatives corroborent donc la théorie du « Brouille et J'tembrouille » car, recevoir la guidance de notre ange gardien lorsque nous sommes dans l'émotion revient à chercher la lumière alors que nous avons éclaté de nos mains l'interrupteur. C'est compliqué ! De plus, et je prends cela pour un petit rappel, les anges, les guides et toute la *Light Team*, ont des vibrations élevées, proche du soleil ! C'est léger, il fait chaud et si nous devions les représenter sur une échelle, ils feraient partie des derniers échelons ! La colère, la tristesse et soeur rancoeur elles, sont proches du niveau zéro et se trouvent tout en bas de l'échelle ! Plus la distance entre nous et les plans subtils est grande et plus la communication va être biaisée! Ceci étant dit, forts de notre libre arbitre, ne l'oublions pas, nous avons toutefois la possibilité de faire appel à notre ange gardien lorsque l'émotion rentre en activité afin d'éviter l'éruption et de s'en libérer. Demandez-lui tout simplement de prendre en charge l'émotion en question, respirez un bon coup et allez boire un thé vert. C'est bon le thé vert !

La peur , et nous avons déjà abordé ce point précédemment, est l'une des émotions les plus coriaces en termes de « Brouille et J'tembrouille ». Je rencontre beaucoup de personnes qui ont, pour la faire courte, tout simplement peur d'avoir peur ! Il est vrai que nous trouvons des tartines de chinoiseries sur le sujet de la communication avec les mondes subtils et je tiens à éclairer votre lanterne sur le sujet ! Ne confondons pas ici, dans cette fantastique pépite d'ouvrage, communication angélique et communication avec les défunts ! Lorsque nous commençons à travailler avec notre ange gardien, nous mettons un pied dans la lumière et la lumière...Bah elle éclaire tout ! Notre ange gardien a une ascendance énergétique sur les autres entités des mondes subtils, en ce sens, personne de peut prendre sa place lorsque nous nous adressons à lui ! La peur est une faille énergétique et en cultivant cette faille « bas de gamme » nous nous coupons des connexions plus abondantes ! Votre ange gardien s'adapte à ce que vous êtes prêts à recevoir, il s'adapte à ce que vous êtes et s'adapte à votre chemin. Faites lui confiance et cessez d'entretenir une peur qui n'est que le fruit d'un fantasme égotique !

Enfin, et ce point-ci n'en est pas moins important, notre hygiène de vie a un impact direct sur la qualité de réception de notre réseau subtil. Ainsi, et comme le ferait un sportif de haut niveau, il faut apporter à notre corps de l'énergie, de la BONNE énergie. Un sommeil récupérateur permet au combo corps-esprit-âme de recharger les batteries. La fatigue nous plonge dans le flou, titille nos émotions et nous pousse à puiser dans nos réserves pour effectuer nos obligations quotidiennes ; les batteries se déchargent donc plus vite et nous nous retrouvons à plat. Le réseau subtil ne peut fonctionner de manière fluide dans un tel contexte.

Ceci étant dit, la nourriture que nous allons donner à notre corps, tel un carburant énergétique, est tout aussi importante. Pour reprendre l'exemple de notre sportif de haut niveau, ce dernier s'entraîne et ajuste son régime alimentaire pour atteindre le plus haut niveau de performance. Lorsque nous souhaitons être connectés en tout temps à notre ange gardien, c'est le même principe. Certains aliments donnent de l'énergie à notre véhicule terrestre quand d'autres nous en donnent simplement l'illusion. Il est important de privilégier les aliments à forte teneur énergétique tels que les fruits, les légumes, les céréales ou les légumineuses, de provenances naturelles, cela va s'en dire. Les sucres ajoutés, les excitants et les substances chimiques sont à limiter, pour ne pas dire proscrire et créer en vous l'affolement.

Faites de votre mieux, Rome ne s'est pas faite en un jour, l'essentiel étant de poser quotidiennement une pierre à votre édifice. Ils sont compréhensifs là-haut !

Tout ce travail pour maintenir un réseau de qualité avec notre ange gardien peut s'avérer compliqué voire déstabilisant. Mais franchement, n'oublions pas qu'à bon réseau, bonne connexion, bon alignement et donc...Bons kifs !

Mon objectif dans cet ouvrage est de vous amener au top niveau ! Pour moi, le *top moumoute number 1* de la communication angélique passe par une trousse à outils bien remplie afin que vous puissiez choisir ceux qui vous correspondent le mieux en cet instant. Chaque pas de fait sera récompensé par votre ange gardien, faites votre part du job et il fera la sienne, soyez-en sûrs!

☆ ☆ ☆

Moralité Angélique ☆☆☆☆☆

La communication angélique est un apprentissage de tous les jours. Nous devons surtout apprendre à nous faire confiance, à percevoir les signes et à « driver » notre mental qui représente selon moi notre plus gros challenge dans cette épopée fantastique. Nous sommes soutenus tout au long de ce parcours, à partir du moment où nous nous donnons les moyens d'avancer, pas après pas et main dans l'aile. Il n'est pas nécessaire de tout maîtriser, bien au contraire ! Ce travail d'équipe requiert de notre part du lâcher prise car notre ange gardien se charge de tous les détails. Communiquez avec lui, parlez-lui et adressez-lui vos demandes, vos tracas et vos rêves les plus dingues, aussi souvent que possible. Sentez sa protection, son soutien et son assistance. Croyez en lui, sans jamais douter de son amour pour vous car cette assurance vous ouvrira de nouvelles portes, bien plus attrayantes que celles que l'on tente de pousser tout seul. Il est votre copilote, votre ami, votre parent et votre allié tout au long de cette vie terrestre et bien après. À chaque problème sa solution, à chaque humain son ange gardien ! Il ne manquera pas de vous montrer sa présence au quotidien par de petites attentions bien à lui : Plume, petite pièce, étincelle lumineuse, odeur de fleur ou chanson qui anime votre cœur, posées là, comme ça, sur votre chemin. Je vais même vous confier une petite chose... Lors de mes consultations en guidance angélique, l'ange gardien de la personne est le premier à venir me délivrer des messages et il s'avère souvent très bavard pour que son petit protégé puisse recevoir toutes les informations dont il a besoin. Par moment, je suis même obligée de lui mettre des limites tant sa dévotion est grande et ma tête prête à exploser. C'est vous dire si notre ange gardien s'engage pour notre cause.

Le monde, la vie et tout ce fonctionnement terrestre vendu sans trop de sens dès notre plus jeune âge, s'avère bien plus vaste que la désillusion cuisante que l'on tente de nous faire gober. L'ego humain et son inlassable quête de pouvoir tendent à hébéter, déconsidérer et couper l'Homme de son essence véritable, le rendant toujours plus démuni face à ses choix, challenges et aléas de la vie. La source nous donne tout ce dont nous avons besoin, les aides et les richesses qui vont avec. L'ego humain lui, nous en déconnecte, ayant bien trop peur de disparaitre à tout jamais. Nous nous devons de redresser la barque, de réagir et de retrouver le sens réel de ce jeu incroyable étant devenu bien plus contraignant qu'amusant. La vie, c'est fait pour être kiffée ! Je le répète et le répèterai jusqu'à en perdre la voix ! Dans cette quête de sens et de plaisir des sens, dans cette recherche de Kif absolu et kif en continu nous avons la meilleure arme qui soit : Un ange gardien. Lorsque nous prenons conscience de ses précieuses aides, nous sommes amenés à former un binôme de choc, notre ange gardien nous donnant des clés de *kiffitude*. Il ne tient qu'à nous de les glisser dans la serrure, ouvrant ainsi le champ de tous les possibles. Un jour, toutes les étincelles de Lumière que nous sommes auront pris conscience de cette guidance et lorsque ce jour viendra, l'ego s'effondrera, permettant ainsi au soleil présent en chacun de nous, de briller pleinement.

☆ Je nous souhaite de merveilleuses découvertes ☆

Un mot sur l'auteure

☆☆☆☆☆

ieff est traducteur angélique, enseignante érisseuse des temps modernes. Très jeune t comprendre et donner du sens à ce que pliquaient pas, sortir des sentiers battus et tester de nouvelles choses. Après un parcours universitaire orienté vers le sport et l'accessibilité des activités physiques pour tous, elle décide d'entreprendre cette quête de sens et d'existence grâce à la méditation, au développement personnel et aux différentes pratiques énergétiques. C'est à la suite du décès de son cousin, en Mai 2007, que ses connexions avec les mondes invisibles se sont pleinement réveillées. Avide d'apprentissage et de transmission, elle se forme au coaching de vie, au Reiki et à l'IET (Integrate Energy Therapy). Aujourd'hui, elle accompagne les âmes en quête de sens sur la route du kif et dans la découverte de leur mission de vie. Elle ouvre le champ de tous les possibles et réveille les capacités médiumniques présentes en chacun de nous par le biais de la guidance angélique, du coaching spirituel, des soins énergétiques et de ses formations « spiritu'Ailes », en France et à l'étranger.

www.communiquer-avec-les-anges.com

Petit cahier en
Communication

Angélique

☆☆☆☆☆

☆Allumer sa radio intérieure☆

1 Je décharge le négatif

Je note ici et remet à mon ange gardien tout ce qui parasite mon coeur (expériences, émotions, sentiments...etc) :

....

....

....

....

....

....

....

....

....

....

....

....

....

....

#2 Je nourris le positif

Je note ici mes kifs et tout ce qui me fait vibrer dans ma life :

....

....

....

....

....

....

....

....

....

....

....

....

....

....

....

....

....

....

☆Mon Ange Gardien s'appelle ~~Robert~~☆

Je note ici le ou les prénom(s) qui s'imposent à moi :

……………………………………………………………………………………………

……………………………………………………………………………………………

……………………………………………………………………………………………

……………………………………………………………………………………………

……………………………………………………………………………………………

……………………………………………………………………………………………

……………………………………………………………………………………………

……………………………………………………………………………………………

……………………………………………………………………………………………

……………………………………………………………………………………………

……………………………………………………………………………………………

……………………………………………………………………………………………

……………………………………………………………………………………………

……………………………………………………………………………………………

……………………………………………………………………………………………

……………………………………………………………………………………………

☆Je conscientise sa présence☆

Quand je m'adresse à mon ange gardien, que se passe-t-il ? (j'écoute et observe attentivement ce qui se passe dans mon corps) :

Nb : Les ressentis peuvent évoluer au fil du temps (devenir plus subtils, plus intenses…etc)

…………………………………………………………………………………………

…………………………………………………………………………………………

…………………………………………………………………………………………

…………………………………………………………………………………………

…………………………………………………………………………………………

…………………………………………………………………………………………

…………………………………………………………………………………………

…………………………………………………………………………………………

…………………………………………………………………………………………

…………………………………………………………………………………………

…………………………………………………………………………………………

…………………………………………………………………………………………

…………………………………………………………………………………………

☆Je développe ma clairvoyance☆

Je note ici mes expériences de clairvoyance :

....

....

....

....

....

....

....

....

....

....

....

....

....

....

....

....

☆Je développe ma clairaudience☆

Je note ici mes expériences de clairaudience :

....

....

....

....

....

....

....

....

....

....

....

....

....

....

....

....

☆Je développe ma clairsentience☆

Je note ici mes expériences de clairsentience :

....

....

....

....

....

....

....

....

....

....

....

....

....

....

....

....

☆Je développe ma clairconnaissance☆

Je note ici mes expériences de clairconnaissance :

……………………………………………………………………………………

……………………………………………………………………………………

……………………………………………………………………………………

……………………………………………………………………………………

……………………………………………………………………………………

……………………………………………………………………………………

……………………………………………………………………………………

……………………………………………………………………………………

……………………………………………………………………………………

……………………………………………………………………………………

……………………………………………………………………………………

……………………………………………………………………………………

……………………………………………………………………………………

……………………………………………………………………………………

……………………………………………………………………………………

……………………………………………………………………………………

☆La communication au quotidien☆

Je note ici ma demande :

....

....

....

Je note ici les réponses de mon ange gardien :

....

....

....

....

....

....

....

....

....

....

....

Je note ici ma demande :

……………………………………………………………………………………

……………………………………………………………………………………

……………………………………………………………………………………

Je note ici les réponses de mon ange gardien :

……………………………………………………………………………………

……………………………………………………………………………………

……………………………………………………………………………………

……………………………………………………………………………………

……………………………………………………………………………………

……………………………………………………………………………………

……………………………………………………………………………………

……………………………………………………………………………………

……………………………………………………………………………………

……………………………………………………………………………………

……………………………………………………………………………………

……………………………………………………………………………………

……………………………………………………………………………………

……………………………………………………………………………………

Je note ici ma demande :

……………………………………………………………………………………

……………………………………………………………………………………

……………………………………………………………………………………

Je note ici les réponses de mon ange gardien :

……………………………………………………………………………………

……………………………………………………………………………………

……………………………………………………………………………………

……………………………………………………………………………………

……………………………………………………………………………………

……………………………………………………………………………………

……………………………………………………………………………………

……………………………………………………………………………………

……………………………………………………………………………………

……………………………………………………………………………………

……………………………………………………………………………………

……………………………………………………………………………………

……………………………………………………………………………………

……………………………………………………………………………………

……………………………………………………………………………………

Je note ici ma demande :

....

....

....

Je note ici les réponses de mon ange gardien :

....

....

....

....

....

....

....

....

....

....

....

....

....

....

....

Je note ici ma demande :

....

....

....

Je note ici les réponses de mon ange gardien :

....

....

....

....

....

....

....

....

....

....

....

....

....

....

....

Je note ici ma demande :

....

....

....

Je note ici les réponses de mon ange gardien :

....

....

....

....

....

....

....

....

....

....

....

....

....

....

....

☆Only Good Vibes☆

18629154R00087

Printed in Poland
by Amazon Fulfillment
Poland Sp. z o.o., Wrocław